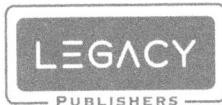

I0078526

CIERRA LOS OJOS
PARA DESPERTAR

**Guía para Desbloquear tu Poder y
Diseñar la Vida de tus Sueños**

ANDREA SANMAR

LEGACY
PUBLISHERS

Primera edición: 2025

ISBN: 979-8-9927359-0-1

Publicado por: Publicación Independiente

New Jersey, Estados Unidos

Descargo de responsabilidad:

Este libro está diseñado para brindar información y herramientas de crecimiento personal. El contenido no pretende sustituir asesoramiento profesional en ninguna área, incluyendo la salud mental, médica, legal o financiera. El lector asume toda la responsabilidad por la interpretación y aplicación del contenido aquí presentado.

Dedicatoria

A ti, que sostienes este libro en tus manos en busca de respuestas, claridad o un nuevo comienzo.

A ti, que has sentido en el alma que hay algo más allá de lo que ves, que la vida no es solo lo que te han contado, que dentro de ti hay un poder esperando ser despertado.

A ti, que has caminado en la incertidumbre, que has dudado de tu fuerza, que has sentido el peso de las circunstancias, pero que aún así sigues adelante con la esperanza de algo más grande.

Este libro es para ti. Para recordarte que las respuestas que buscas no están afuera, sino dentro de ti. Que el poder de transformar tu vida siempre ha estado en tus manos. Que no estás aquí por casualidad, sino porque estás listo para despertar.

Cierra los Ojos Para Despertar

Agradecimientos

Escribir este libro ha sido un viaje de transformación, aprendizaje y expansión, y no podría haberlo hecho sola. Hay personas cuya presencia, apoyo y guía han sido fundamentales en este proceso, y hoy quiero honrarlas con todo mi corazón.

A Spencer, mi mentor, por haberme mostrado una nueva manera de ver la vida, por sus enseñanzas, por cada conversación que desafió mis límites y expandió mi conciencia. Gracias por inspirarme a seguir creciendo y por recordarme que siempre hay un siguiente nivel al que podemos aspirar.

A Edwin, mi esposo, mi compañero de vida, quien ha sido mi sostén inquebrantable en cada paso de este camino. Gracias por creer en mí incluso en los momentos en que yo dudé, por tu paciencia, por tu amor incondicional y por recordarme siempre quién soy en esencia. Tu apoyo ha sido la base sobre la cual este sueño se ha construido.

A Paola mi hermana, por su mirada atenta, su dedicación y su invaluable ayuda en la corrección de estilo de este libro. Gracias por cuidar cada palabra, por refinar cada idea y por asegurarte de que este mensaje llegue con la claridad y la profundidad con la que fue concebido. Tu talento y tu amor están impresos en cada página.

A mi familia, por ser mi raíz y mi refugio. Gracias por cada palabra de aliento, por cada gesto de apoyo y por ser el pilar que me ha sostenido a lo largo de mi camino. Su amor, enseñanzas y valores han sido la base sobre la cual construyo cada uno de mis sueños. Este libro también es suyo, porque sin ustedes, nada de esto sería posible.

Y finalmente, **a ti que estás leyendo estas palabras**, gracias por permitirme acompañarte en este viaje. Espero que este libro sea una luz en tu camino, así como tantas personas han sido luz en el mío.

Prólogo

¿Sabías que dentro de ti existe un poder inmenso, esperando a ser desbloqueado? ¿Que tienes la capacidad de transformar tu realidad de maneras que hoy ni siquiera imaginas? Este que tienes en tus manos no es un libro más, es una invitación, un mapa y una guía práctica para redescubrir ese poder y utilizarlo para crear una vida extraordinaria.

Conocí a la autora de este libro en uno de esos momentos en los que la vida me recordó lo que significa estar verdaderamente conectado con alguien que vive desde su propósito. Desde el primer instante, percibí en ella una claridad, una energía y una pasión que no sólo la definen, sino que se expanden a todos los que la rodean. La visión con la que ha creado estas páginas no es solo poderosa, es transformadora.

Este libro es un testimonio de su viaje personal, de sus aprendizajes más profundos y de las herramientas que han cambiado su vida. Pero más importante aún, este libro es un regalo para ti. Porque lo que encontrarás aquí no son teorías vacías ni palabras bonitas para inspirarte un rato. Aquí encontrarás acción, claridad y dirección.

Un Desafío Directo a Tu Alma

Quiero retarte desde el inicio. Sí, tú. ¿Por qué sigues viviendo limitado por tus creencias? ¿Qué más tiene que suceder para que decidas que ya es hora de tomar el control? Si algo he aprendido en mi propio camino es que el poder de transformar tu vida nunca está allá afuera, siempre está dentro de ti. Pero no basta con saberlo. Necesitas actuar. Necesitas decidir que ya no vas a ser una víctima de las circunstancias, sino el creador consciente de tu vida.

Y este libro te muestra cómo hacerlo. Aquí no se trata de inspirarte un poco para que sigas soñando. Se trata de darte las herramientas necesarias para que tus sueños se conviertan en tu realidad.

El Coraje de Transformarte

A medida que leas estas páginas, te encontrarás con conceptos que te harán cuestionarte, con ejercicios que te sacarán de tu zona de confort y con historias que te demostrarán que todo es posible. Pero quiero advertirte algo: este libro no es para quien busca excusas o caminos fáciles. Es para quien está dispuesto a tomar total responsabilidad de su vida y hacer lo que sea necesario para transformarla.

La autora de este libro no solo domina lo que enseña, lo vive cada día. Y es precisamente por eso que su mensaje tiene tanto poder. Ella ha enfrentado miedos, ha soltado creencias limitantes, ha elevado su vibración y ha aprendido a diseñar su realidad con intención. Y ahora, comparte todo eso contigo para que tú también puedas hacerlo.

Un Viaje hacia tu Esencia

Este libro no solo te ayudará a reprogramar tu mente, elevar tu vibración y tomar acción consciente, sino que también te guiará hacia algo aún más grande: reconectar con tu esencia, con esa chispa divina que te conecta con la fuente de todo lo creado. Y desde ahí, transformar tu vida no será solo un objetivo, será una consecuencia natural de vivir en coherencia con quien realmente eres.

Mi Invitación para Ti

Te invito a leer este libro con un compromiso inquebrantable. No pases estas páginas solo por curiosidad. Léelo como si tu vida dependiera de ello, porque en muchos sentidos, lo hace. Este no es el tipo de libro que lees una vez y guardas en un estante. Es un manual, una guía que puedes usar una y otra vez, cada vez que necesites reencontrarte, redirigirte o reactivar tu poder creador.

No hay excusas. No hay tiempo que perder. Si has estado esperando una señal, aquí está. Es este libro. Es este momento.

Recuerda: *"La vida extraordinaria que deseas ya existe. Solo tienes que decidir tomarla."*

Con admiración y certeza,

Spencer Hoffmann

CONTENIDO

Dedicatoria
Agradecimientos
Prólogo
CONTENIDO
Introducción   1
Tienes el Poder de Crear tu Realidad   1
    Un Viaje hacia tu Interior   2
    Una breve introducción personal   2
    El Despertar del Creador que Hay en Ti   4
    Un Compromiso Contigo Mismo   4
Parte I - La Base de tu Realidad   5
Capítulo 1   7
    Cambia tu Percepción, Cambia tu Mundo   7
      Cómo tus creencias moldean tu realidad   11
      Historias de Transformación   17
      Ejercicio: Identifica y cambia tu perspectiva   21
      Reflexión: Todo comienza en tu mente   25
Capítulo 2   31
    El Poder del Presente   31
      Conecta con el presente.   33
      La atención plena transforma tus experiencias   36
      Escaneo emocional y conexión consciente   42
      Reflexión: La magia del momento presente   49
Capítulo 3   53
    Reprograma tu Mente   53
      Tus creencias subconscientes: aliadas o
saboteadoras   55
      Ejercicio práctico: Reescribe tu diálogo interno   62
      Reflexión: La mente como tu mayor aliada   66
Parte II - Eleva tu Vibración   73

Capítulo 4 **75**
Eleva tu Vibración 75
Entiende la energía que emites al mundo 76
Cómo tus emociones y pensamientos afectan tu realidad 79
Ejercicio práctico: Diario vibracional para un cambio energético 87
Reflexión: Conviértete en un imán para lo positivo 96
Capítulo 5 **99**
Conecta con tu Fuente Creadora 99
Rompiendo barreras: Más allá del ego y la desconexión 105
Ejercicio práctico: Meditación para conectar con tu esencia 110
Tu conexión como fuente infinita de poder 115
Capítulo 6 **123**
Vive desde la Gratitud 123
La gratitud como catalizador de abundancia 125
Cómo agradecer incluso en medio del desafío 130
Ejercicio práctico: Diario de gratitud activa 136
Parte III - Crea tu Nueva Realidad **147**
Capítulo 7 **149**
La Acción Consciente 149
Por qué la acción sin intención no es suficiente 150
Cómo alinear tus acciones con tus deseos más profundos 155
Ejercicio Planificación consciente diaria 168
Reflexión: Cada paso cuenta en el camino hacia tus sueños 173
Capítulo 8 **179**
Diseña tu Realidad con Intención 179
La intención como brújula para tus decisiones 185

Cómo el propósito transforma tus resultados 193
Reflexión: Crea con propósito, no por casualidad 201
Capítulo 9 **207**
La Magia de la Persistencia y la Flexibilidad 207
El arte de soltar el control con certeza 207
El Triángulo de la Creación Consciente 217
Capítulo 10 **231**
El Viaje hacia tu Mejor Versión 231
El papel del ego en la transformación 236
Lleva tus Reflexiones a la Acción 252
Vive como un Creador Consciente 255
REFLEXION FINAL **257**

Introducción

Tienes el Poder de Crear tu Realidad

¿Alguna vez te has preguntado por qué algunos parecen vivir en abundancia y otros luchan por salir adelante? La respuesta no está en su entorno ni en su suerte, sino en algo mucho más profundo: la forma en que perciben y crean su realidad. Este libro es una invitación a descubrir y activar esa misma habilidad en ti.

Durante mucho tiempo, vivimos creyendo que estamos sujetos a las circunstancias externas, que nuestro destino está escrito y que no hay mucho que podamos hacer para cambiarlo. Pero, ¿qué pasa si te digo que todo eso es una ilusión? Que cada pensamiento, cada intención y cada acción tiene el poder de transformar la vida que conoces.

Este libro no pretende ser solo una lectura inspiradora; es un manual práctico que te llevará de la teoría a la acción. Aquí encontrarás herramientas claras y accesibles que han sido diseñadas para ayudarte a reconectar con tu esencia, elevar tu vibración y rediseñar tu realidad desde adentro. No necesitas ser un experto en desarrollo personal, o un ser iluminado, para beneficiarte de estas páginas; todo lo que necesitas es el deseo genuino de cambio y el compromiso contigo mismo.

Un Viaje hacia tu Interior

Crear tu realidad comienza dentro de ti. Tu mente, tus emociones y tus acciones son las semillas que siembran el mundo exterior. Si esas semillas están regadas con miedo, dudas o carencia, el resultado será un jardín desordenado y estéril. Pero si eliges cultivarlas con gratitud, confianza y amor, la vida te devolverá frutos que superarán tus expectativas.

En este libro explicaremos cómo identificar y transformar las creencias que te limitan, cómo usar la gratitud para elevar tu vibración y cómo tomar acciones conscientes que te acerquen a la vida que sueñas. Cada capítulo es un paso en este camino, diseñado para guiarte de manera progresiva hacia tu transformación.

Una breve introducción personal

Hubo una época en mi vida en la que sentía que todo estaba fuera de mi control. Mis días eran monótonos, eran solo una sucesión de eventos que parecían simplemente "sucederme", sin que yo pudiera hacer nada para cambiarlos. Me despertaba cada mañana a cumplir con la rutina diaria, levantarme, alistarme, ir al trabajo, pasar allá todo mi día y regresar a casa en la noche cansada, sin ganas de nada mas, solo con ganas de descansar viendo tv un rato y luego ir a dormir, esperando el tan anhelado fin de semana para poder por fin tener un día para hacer algo que me gustara y un día para descansar de la rutina. Vivía en automático, con una sensación de pesadez, de aburrimiento, de falta de deseo, esperando que algo pasara e hiciera mis días diferentes.

Muchos años después, y después de haber tomado varias decisiones que no me habían conducido a ninguna parte, me estaba sumiendo en una depresión, y fue en ese momento que conocí a Paola, una chica que tenía una energía increíble, auténtica, para ella todo era maravilloso, veía la vida tan diferente que me causó curiosidad saber más de ella, nos hicimos amigas y comenzó a hablarme de una tecnología espiritual ancestral que ella había comenzado a practicar después de haber tenido varias quiebras económicas, y que la habían llevado a cambiar de mentalidad y así mismo a manifestar una vida increíble, en el momento que la conocí, ella estaba muy bien económicamente, trabajando en un proyecto personal y con un hogar lindo. Me interesé en el tema y le pedí que fuera mi mentora, comenzó a compartirme libros y comenzamos a intercambiar ideas y toda la información a la que tuve acceso me hizo preguntarme por primera vez ¿Y si no es el mundo el que tiene que cambiar, sino soy yo?" Esa simple pregunta fue como un destello de claridad. Me di cuenta de que había estado esperando que algo externo me rescatara, cuando todo el tiempo el poder había estado dentro de mí.

Decidí empezar con pequeños pasos. Comencé a observar mis pensamientos y a cuestionar las historias que me contaba sobre mí misma. Poco a poco, aprendí a elegir nuevas perspectivas, nuevas creencias y nuevas acciones. Y con cada pequeño cambio que hacía en mi interior, comenzó a cambiar mi exterior, comencé a vivir una nueva realidad, que me ofrecía posibilidades infinitas.

Esa experiencia me llevó a descubrir que todos tenemos el poder de transformar nuestra realidad. No importa cuán desafiantes sean tus circunstancias actuales; siempre puedes elegir cómo responder a ellas. Y es en esa elección donde radica tu verdadero poder.

El Despertar del Creador que Hay en Ti

Quizás te sientas desconectado de tu propósito, atrapado en una rutina o luchando con la incertidumbre. Pero déjame decirte algo importante: no estás solo. Todos hemos estado ahí. La buena noticia es que si estás leyendo estas palabras, es porque estás listo para algo más. Este libro no está aquí por casualidad; llegó a ti en el momento perfecto, ni antes ni después.

Conforme avances en estas páginas, te encontrarás con ejercicios prácticos, reflexiones profundas y ejemplos inspiradores que te mostrarán que no hay nada fuera de tu alcance. Lo único que necesitas es dar el primer paso.

Un Compromiso Contigo Mismo

Cada herramienta y enseñanza de este libro está diseñada para acompañarte en este proceso, pero hay algo que nadie más puede hacer por ti: decidir. Decidir que estás listo para dejar atrás las excusas, soltar el pasado y dar la bienvenida a una nueva versión de ti mismo.

No es necesario hacerlo todo perfecto. Lo importante es comenzar. Este libro será tu guía, tu apoyo y tu recordatorio de que tienes todo lo que necesitas para diseñar una vida extraordinaria.

"Tu realidad no está escrita en piedra; está esperando que tú tomes el pincel y comiences a crear."

Parte I - La Base de tu Realidad

Capítulo 1

Cambia tu Percepción, Cambia tu Mundo

Desde que comencé a trabajar mi mente, me hice consciente de mis pensamientos y de mi forma de afrontar las diversas situaciones, esto me llevó a tener muchos momentos de "revelación", que me han llevado a encontrar cada vez más conexiones y oportunidades para seguir creciendo y mejorando como ser humano día a día.

Recuerdo una tarde en la que estaba caminando por un parque, cargando esa sensación de insatisfacción que me acompañaba en esa época de mi vida, De repente, algo hizo que fijara mi atención en un niño que estaba tratando de volar una cometa. El viento era débil, y la cometa caía al suelo una y otra vez. Pero lo que me llamó la atención no fue su dificultad, sino su actitud. Cada vez que la cometa se desplomaba, el niño simplemente sonreía, recogía la cuerda y volvía a intentarlo.

Mientras observaba, no pude evitar preguntarme: "¿Cuándo perdí esa capacidad de enfrentar los obstáculos con una sonrisa?" Había estado enfocada en todo lo que no funcionaba, en las veces que mi "cometa" caía al suelo, y me olvidé de disfrutar el proceso de intentar, de aprender y de crecer. Ese niño, con su perseverancia y entusiasmo, me mostró algo que necesitaba recordar: nuestra perspectiva define nuestra experiencia.

En ese momento, comencé a reflexionar sobre cómo había estado interpretando las situaciones de mi vida. Me di

7

cuenta de que, con frecuencia, nos volvemos prisioneros de nuestras propias interpretaciones. Una experiencia que podría ser vista como un desafío emocionante puede convertirse en una carga insoportable si elegimos enfocarnos en el miedo al fracaso o en las posibles dificultades.

Aquel niño me enseñó ese día, que no es el resultado lo que determina nuestra felicidad, sino la actitud con la que enfrentamos el camino. Desde ese momento, decidí observar mis "cometas caídas" de manera diferente. Cada obstáculo empezó a parecer menos una barrera y más una oportunidad para ajustar mi estrategia, para crecer y para descubrir una versión más fuerte y resiliente de mí misma.

"¿Qué pasaría si empezaras a mirar cada desafío en tu vida no como un problema que debes resolver, sino como una oportunidad para redescubrir tu poder? ¿Cómo cambiaría tu mundo si entendieras que cada experiencia, incluso la más difícil, tiene un regalo escondido para ti?"

A menudo, lo que nos detiene no es la situación en sí, sino cómo la interpretamos. Cuando nos enfrentamos a un obstáculo, tendemos a verlo como una barrera insuperable, pero, ¿y si lo vieras como un maestro? Cada experiencia puede ofrecerte una lección valiosa si eliges mirarla desde una perspectiva diferente.

Imagina que cada situación desafiante que enfrentas es como un regalo envuelto. Al principio, puede parecer poco atractivo o incluso intimidante. Pero si tienes la valentía de abrir la envoltura, podrías encontrar dentro de él una herramienta, una lección o una pieza clave para tu crecimiento personal.

Piensa en algún momento en el que te sentiste atrapado o frustrado. Ahora imagina que esa situación es una pieza de un rompecabezas más grande. Puede que aún no entiendas cómo encaja, pero créeme que está allí para ayudarte a construir algo significativo. Cambiar tu percepción de "problema" a "oportunidad" es un acto poderoso que puede transformar tu realidad.

Como dijo Wayne Dyer: "*Cuando cambias la forma en que miras las cosas, las cosas que miras cambian.*"

Esta frase encapsula una verdad fundamental. La percepción no solo es una lente a través de la cual vemos el mundo; es una herramienta para moldearlo. Cuando eliges mirar tus desafíos desde un lugar de curiosidad y no de juicio, abres la puerta a nuevas posibilidades.

La percepción es como un prisma. Al igual que un rayo de luz se descompone en colores al pasar por un cristal, tus pensamientos y emociones pueden transformar cualquier situación en algo diferente dependiendo del ángulo desde el que la observes. Esa misma luz, que al principio puede parecer tenue o incluso ausente, tiene el potencial de iluminar caminos que antes no veías.

Si eliges mirar tus circunstancias con gratitud y apertura, descubrirás recursos y fortalezas dentro de ti que no sabías que tenías. Cambiar tu percepción no es negar la realidad, sino reescribir el significado que le das.

La percepción es una llave que llevas contigo siempre. Tu tienes el poder de usarla para abrir puertas a una vida más plena y significativa. Recuerda que no se trata de negar tus emociones o ignorar las dificultades, sino de elegir conscientemente qué significado les das. Cada día es una oportunidad para ajustar tu perspectiva, para aprender algo nuevo y para acercarte un poco más a la mejor versión de ti mismo.

Cambia tu percepción y cambiarás tu realidad. Las circunstancias pueden permanecer igual, pero la forma en la que decides interpretarlas y actuar frente a ellas determinará el curso de tu vida. Como aquel niño con su cometa, recuerda que lo importante no es la fuerza del viento que sopla, sino tu capacidad para ajustar el rumbo y disfrutar del vuelo.

La percepción es una herramienta poderosa que modela nuestra experiencia del mundo. Lo que vemos, sentimos y vivimos no es solo el resultado de lo que sucede a nuestro alrededor, sino de cómo elegimos interpretar esos eventos. Nuestras creencias, pensamientos y emociones actúan como un filtro constante entre la realidad y nuestra mente.

Imagina dos personas enfrentando exactamente la misma situación: ambas reciben una crítica en el trabajo. Para una, el comentario es devastador, una prueba de que no es lo suficientemente buena y nunca lo será. Se siente paralizada y desmotivada, y adicionalmente genera sentimientos de rencor contra quien genera la crítica. Para la otra persona, esa misma crítica es un llamado a mejorar, una invitación a crecer. Se siente desafiada, pero motivada para aprender y superarse. ¿Qué hizo la diferencia? Su percepción.

Nuestra percepción no solo influye en cómo nos sentimos, sino también en cómo actuamos. Cuando interpretamos una situación desde el miedo, nuestras acciones tienden a ser reactivas, defensivas o incluso inertes. Por otro lado, cuando elegimos ver las experiencias como oportunidades, abrimos la puerta a nuevas soluciones, creatividad y conexiones.

Un ejemplo cotidiano de cómo la percepción da forma a nuestra realidad es el tráfico. Una persona atrapada en un embotellamiento puede sentir frustración, viendo el tiempo como algo perdido. Otra persona, en la misma situación, podría usar ese momento para reflexionar, escuchar un audiolibro o simplemente disfrutar del tiempo consigo misma. La diferencia no está en el tráfico, sino en la narrativa que cada uno crea.

La percepción también afecta nuestras relaciones personales. Por ejemplo, si interpretas una respuesta breve de un amigo como desinterés, podrías distanciarte de él o sentirte herido. Pero si eliges pensar que esa respuesta refleja que tu amigo está ocupado o pasando por un momento difícil, podrías acercarte con empatía. La forma en que interpretamos el comportamiento de los demás influye directamente en la calidad de nuestras relaciones.

Lo más transformador de la percepción es que no es permanente. Podemos elegir cómo ver las cosas. Este cambio requiere práctica, pero el resultado es liberador. Pregúntate: "¿Cómo estoy interpretando esta situación? ¿Qué podría cambiar en mi percepción para sentirme mejor y actuar desde un lugar de empoderamiento?"

Cuando comprendemos que la percepción es una elección, recuperamos el control de nuestras vidas. No siempre podemos cambiar lo que nos sucede, pero siempre podemos elegir qué significado darle. Esa elección es la verdadera llave para transformar nuestra realidad.

Cómo tus creencias moldean tu realidad

En este punto es importante hablar de las creencias limitantes que afectan nuestra percepción. Las creencias son como lentes a través de los cuales miramos el mundo. Algunas nos permiten ver con claridad, mientras que otras distorsionan nuestra visión, limitando lo que somos capaces de percibir y experimentar. Estos "lentes" son moldeados por nuestras experiencias, nuestra educación y por los mensajes que hemos interiorizado a lo largo de los años. Cuando esas creencias son limitantes, actúan como filtros que bloquean nuestro potencial y afectan la manera en que interpretamos la realidad.

Por ejemplo, si tienes la creencia de que "el mundo es un lugar hostil", con este filtro cada interacción que tengas estará teñida por esa idea, y esa es la realidad en la que vas a vivir. Si alguien te mira de manera neutral, podrías asumir que te está juzgando. Si un conocido tarda en responder a un mensaje podrías pensar que te está ignorando intencionalmente. Este filtro distorsiona la realidad para ajustarla a lo que ya creías cierto, creando un ciclo que refuerza esa creencia.

Por otro lado, si tu creencia es que "la vida siempre ofrece oportunidades", tu percepción será completamente diferente. Ante un obstáculo, verás una posibilidad de aprendizaje en lugar de un fracaso. Si algo no sale como esperabas, podrás interpretarlo como un desvío hacia algo mejor, en lugar de una derrota. Estas creencias empoderadoras actúan como filtros que amplían tus horizontes, permitiéndote ver más allá de las dificultades inmediatas.

Lo más impactante de las creencias limitantes es que muchas veces no somos conscientes de ellas. Operan en el trasfondo de nuestra mente, influyendo en nuestras decisiones y emociones sin que lo notemos. Un ejemplo común es la creencia de "no soy lo suficientemente bueno". Este pensamiento puede llevarte a evitar oportunidades por miedo al fracaso, a rechazar cumplidos o a sabotear tus propios logros. La realidad no es que no seas suficiente; es que tu filtro te impide ver todo lo que ya has logrado y lo que eres capaz de hacer, te impide ver tu verdadera esencia, tu verdadero poder.

La buena noticia es que las creencias no son permanentes. Puedes identificarlas y reemplazarlas por otras que te sirvan mejor. Empieza cuestionando: "¿Esta creencia es realmente cierta? ¿En qué evidencia me estoy basando para sostenerla? ¿Qué podría cambiar si eligiera creer algo diferente?"

Cuando decides ajustar tus filtros, comienzas a ver el mundo de una manera nueva. Cambiar una creencia limitante por una empoderadora es como limpiar un cristal empañado: lo que antes parecía oscuro y confuso se vuelve claro y lleno de posibilidades. La clave está en reconocer que los filtros no definen la realidad, sino la forma en que la interpretamos.

Desde un punto de vista científico, la neurociencia nos brinda una comprensión fascinante sobre cómo el cerebro interpreta la realidad y cómo nuestras creencias influyen en esta interpretación. En esencia, nuestro cerebro está programado para buscar evidencia que confirme lo que ya creemos. Este fenómeno, conocido como "sesgo de confirmación," es una estrategia evolutiva que nos ayuda a procesar información de manera eficiente, pero también puede limitar nuestra capacidad de ver las cosas desde una perspectiva diferente.

El sesgo de confirmación funciona como un filtro selectivo. Por ejemplo, si tienes la creencia de que "no soy bueno en los deportes", tu cerebro buscará y se enfocará en situaciones que refuerzan esa idea: el momento en que fallaste un lanzamiento, la vez que alguien te criticó o cuando te comparaste con alguien mejor que tú. Al mismo tiempo, ignorará o minimizará los momentos en los que lo hiciste bien, como cuando ganaste un partido o recibiste un cumplido. Esta selección inconsciente de evidencia fortalece la creencia inicial, haciéndola parecer una verdad incuestionable.

Este mecanismo también está relacionado con la forma en que procesamos nuevas experiencias. Cuando enfrentamos una situación desconocida, nuestro cerebro tiende a interpretarla en función de patrones previos. Si nuestras creencias son limitantes, como "no puedo confiar en los demás" o "siempre fracaso", el cerebro buscará pistas que refuercen esas ideas, incluso si la realidad ofrece evidencia de lo contrario. Esto no solo afecta nuestra percepción, sino también las decisiones que tomamos y cómo nos comportamos, adicionalmente disminuye nuestra conexión y amor propio.

La ciencia también ha demostrado que nuestras creencias activan ciertas áreas del cerebro. Por ejemplo, el sistema de recompensa cerebral se activa cuando encontramos evidencia que confirma nuestras expectativas, generando una sensación de satisfacción. Este circuito refuerza nuestras creencias, haciéndonos sentir seguros en lo que ya conocemos, pero también puede limitarnos, ya que evitamos cuestionar o explorar ideas diferentes.

Por otro lado, la neuroplasticidad, que es la capacidad del cerebro para adaptarse y cambiar, nos ofrece una salida de este ciclo. Al exponernos deliberadamente a nuevas informaciones, experiencias y perspectivas, podemos entrenar a nuestro cerebro para desafiar el sesgo de confirmación. Por ejemplo, si empiezas a buscar activamente momentos en los que fuiste exitoso, incluso en pequeños logros, tu cerebro comenzará a construir un nuevo patrón de creencias más positivo y realista.

Un experimento clásico en psicología muestra cómo nuestras expectativas influyen en lo que vemos. Se les mostró a dos grupos de personas la misma imagen ambigua, y a cada grupo se le dio una breve descripción diferente antes de verla. Uno de los grupos interpretó la imagen como un animal, mientras que el otro la vió como un rostro humano. Este estudio demuestra que lo que esperamos ver afecta directamente lo que realmente percibimos.

En conclusión, nuestras creencias actúan como un marco a través del cual el cerebro organiza y prioriza la información. Aunque este mecanismo puede limitarnos cuando está basado en creencias negativas o limitantes, también es una oportunidad para el crecimiento. Al ser conscientes de este proceso y trabajar activamente en reprogramar nuestras creencias, podemos entrenar a nuestro cerebro para buscar evidencia que nos empodere y nos acerque a nuestra mejor versión.

Ahora imagina que llevas puestos unos lentes de sol con cristales oscuros. Mientras los usas, todo a tu alrededor parece sombrío y opaco. Las flores pierden su brillo, el cielo se ve apagado y las personas parecen menos animadas. Ahora, imagina que te quitas esos lentes y de repente, los colores cobran vida. Las flores lucen vibrantes, el cielo es de un azul profundo y las sonrisas de las personas parecen más radiantes. Esta transformación no se debe a que el mundo haya cambiado, sino a que cambiaste el filtro a través del cual lo estabas viendo. Así es como funcionan nuestras creencias.

Las creencias actúan como esos lentes, influyendo en cómo interpretamos lo que sucede a nuestro alrededor. Si tus lentes están teñidos por creencias limitantes, como "no soy suficiente" o "todo es demasiado difícil", el mundo que ves estará marcado por esas ideas. Un cumplido podría parecer falso, un desafío podría parecer imposible, y las oportunidades podrían pasar desapercibidas. Pero si cambias esos lentes por unos más claros, con creencias como "soy capaz", "soy suficiente", soy merecedor" o "todo es una oportunidad para crecer", el mismo mundo se verá completamente diferente.

Otra forma de visualizar esto es imaginar que cada creencia es como una aplicación de un teléfono móvil que filtra la información que recibes. Si tu aplicación principal está diseñada para buscar problemas, eso es lo que verás constantemente. Pero si cambias a una aplicación que busque soluciones, de repente comenzarás a notar posibilidades que antes pasaban desapercibidas. En otras palabras, no es la realidad la que cambia; eres tú quien elige cómo interpretarla.

Esta metáfora también nos recuerda que los lentes no son permanentes. Al igual que puedes cambiar un par de gafas de sol, también puedes ajustar tus creencias. Este proceso comienza con la conciencia. Pregúntate: "¿Cómo estoy interpretando esta situación? ¿Mis lentes actuales me están ayudando o limitando?" Una vez que identificas tus lentes, puedes decidir cambiarlos por unos que te permitan ver con mayor claridad y optimismo.

El cambio de lentes puede ser desafiante, pero es profundamente transformador. Cada vez que eliges una creencia empoderadora en lugar de una limitante, ajustas tu visión del mundo. Este simple cambio en tu percepción puede abrirte un universo lleno de posibilidades, donde las barreras se convierten en escalones y los fracasos en lecciones valiosas. Al final, los lentes que elijas determinarán la realidad que experimentes. ¡Elige bien!

Historias de Transformación

Oprah Winfrey y la Fuerza de una Nueva Percepción

Uno de los ejemplos más inspiradores de cómo el cambio de percepción puede transformar una vida es el de Oprah Winfrey. Nacida en una familia de bajos recursos en Mississippi, Oprah enfrentó enormes desafíos desde su infancia. Creció en un entorno marcado por la pobreza extrema, abuso y discriminación racial. Su infancia estuvo llena de adversidades que podrían haber definido su vida de manera negativa, pero en lugar de dejarse vencer, Oprah eligió cambiar la manera en que percibía su historia.

En entrevistas, Oprah ha compartido cómo tomó la decisión de ver sus desafíos como lecciones en lugar de castigos. En lugar de centrarse en el dolor, comenzó a buscar significado en sus experiencias. Este cambio en su percepción fue el catalizador que la llevó a convertirse en una de las figuras más influyentes del mundo.

Por ejemplo, en lugar de ver su pobreza como una limitación, Oprah la interpretó como una oportunidad para desarrollar resiliencia. En lugar de sentirse definida por el abuso que sufrió, eligió transformar ese dolor en empatía hacia los demás. Este cambio de perspectiva no solo le permitió superar sus circunstancias, sino también usar su historia para inspirar a millones de personas.

Cuando Oprah empezó a trabajar en los medios de comunicación, enfrentó críticas y rechazos. En sus primeros trabajos, fue despedida porque consideraban que no tenía el perfil adecuado para la televisión. Sin embargo, en lugar de permitir que estas experiencias definieran su valor, las usó como motivación para encontrar un camino que estuviera alineado con su verdadera esencia. Esta percepción positiva la llevó a crear "The Oprah Winfrey Show", un programa que no sólo redefinió la televisión diurna, sino que también se convirtió en una plataforma para empoderar a otros.

Nelson Mandela y la Transformación desde la Prisión

Otro ejemplo poderoso de transformación a través del cambio de percepción es la historia de Nelson Mandela. Pasó 27 años encarcelado por luchar contra el apartheid en Sudáfrica, una situación que habría quebrado el espíritu de muchas personas. Sin embargo, Mandela eligió interpretar su encarcelamiento como una oportunidad para crecer y prepararse para liderar. Durante su tiempo en prisión, en lugar de alimentar el odio hacia quienes lo encarcelaron, decidió trabajar en el perdón y la reconciliación.

Mandela compartió en varias ocasiones que su capacidad para cambiar su percepción sobre sus captores y su situación fue fundamental para su transformación. Comprendió que aferrarse al odio solo lo mantendría prisionero emocionalmente, incluso si un día recuperaba su libertad física. Esta perspectiva lo preparó para convertirse en un líder que no solo luchó por la justicia, sino que también guió a su país hacia la paz y la unidad.

Mientras estaba en prisión, Mandela dedicó tiempo a la educación, no sólo de sí mismo, sino también de los otros prisioneros. Enseñó a leer y escribir a muchos de sus compañeros, construyendo una comunidad basada en la esperanza y la preparación para un futuro mejor. Su compromiso con el perdón y su capacidad para transformar su sufrimiento en fortaleza lo convirtieron en un símbolo de resiliencia y humanidad.

Lo que ambas historias tienen en común es la decisión consciente de reinterpretar las circunstancias. Tanto Oprah como Mandela enfrentaron situaciones que podrían haberlos definido como víctimas. Sin embargo, eligieron una narrativa diferente: se vieron a sí mismos como creadores de su realidad. Este cambio de percepción no eliminó el dolor o la dificultad, pero les dio poder para transformar su situación en algo significativo.

Quizás, al leer estas historias, te preguntes cómo aplicar estos principios a tu propia vida. Reflexiona sobre una experiencia que consideres desafiante o injusta. Pregúntate: "¿Qué significado le estoy dando a esta situación? ¿Hay alguna manera de reinterpretarla para que me fortalezca en lugar de debilitarme?"

Tal vez estés enfrentando una pérdida, una enfermedad, un fracaso profesional o una relación rota. En esos momentos, es fácil caer en el desánimo y sentir que no hay salida. Sin embargo, tienes el poder de elegir cómo interpretar lo que te sucede. Quizás una relación complicada te está enseñando la importancia de poner límites. Quizás un fracaso profesional te está redirigiendo hacia un camino más alineado con tu propósito.

El cambio de percepción no sucede de la noche a la mañana, pero cada pequeña elección que haces para reinterpretar tu realidad es un paso en la dirección correcta. Recuerda que no se trata de ignorar el dolor o negar la dificultad, sino de encontrar el significado y la oportunidad en medio de ellos. Al igual que Oprah y Mandela, puedes transformar tus desafíos en un trampolín hacia una versión más fuerte y empoderada de ti mismo.

Estas historias de Oprah Winfrey y Nelson Mandela pueden parecer excepcionales, pero las lecciones que ofrecen están al alcance de todos. La clave está en entender que el cambio de percepción no es un privilegio reservado para figuras extraordinarias; es una habilidad que cualquier persona puede desarrollar con práctica y conciencia.

Piensa en un momento en tu vida en el que enfrentaste un obstáculo que parecía insuperable, en ese momento, puede que te sintieras atrapado, como si no hubiera salida. Ahora, mira hacia atrás: ¿podrías identificar algo positivo que emergió de esa experiencia? Tal vez descubriste una fortaleza que no sabías que tenías, aprendiste una lección valiosa o cambiaste de dirección hacia un camino más alineado con tu propósito.

Es posible que en este momento estés enfrentando un desafío similar. Puede ser tentador quedarse atrapado en la narrativa de la frustración o el dolor, pero recuerda: tú tienes el poder de elegir el significado que le das a tus experiencias. Como dijo Viktor Frankl, un sobreviviente del Holocausto: "Entre el estímulo y la respuesta hay un espacio. En ese espacio reside nuestra libertad para elegir nuestra respuesta. En nuestra respuesta yace nuestro crecimiento y nuestra libertad."

Imagínate como el autor de tu propia historia. ¿Qué tipo de personaje quieres ser? ¿Quieres ser el héroe que encuentra fuerza y significado en los desafíos, o alguien que se deja vencer por las circunstancias? Oprah y Mandela eligieron ser autores de sus propias narrativas, y tú también puedes hacerlo.

El cambio de percepción no significa negar la realidad ni ignorar las emociones que surgen ante las dificultades. En cambio, implica mirar más allá de lo inmediato y encontrar el aprendizaje, la oportunidad y el crecimiento escondidos en cada experiencia. Reflexiona: ¿qué historia quieres contar sobre ti mismo cuando recuerdes este momento de tu vida? Esa elección es tu verdadero poder.

Ejercicio: Identifica y cambia tu perspectiva

Las creencias limitantes son pensamientos y supuestos que hemos internalizado como verdades absolutas, sin cuestionarlos. Estas ideas actúan como muros invisibles que frenan nuestro progreso, afectan nuestra autoestima y condicionan nuestras decisiones. Sin embargo, una vez que las identificamos y desafiamos, podemos reemplazarlas por creencias que nos empoderen y nos permitan avanzar con confianza.

Este ejercicio te guiará paso a paso para detectar y transformar esas creencias que están moldeando negativamente tu realidad:

Paso 1: Escribe una situación que te haya causado frustración o tristeza.

Encuentra un momento reciente que haya generado emociones negativas. Puede ser algo sencillo, como una crítica en el trabajo, o algo más profundo, como una discusión familiar. Escríbelo con el mayor detalle posible, incluyendo tus pensamientos y emociones.

Por ejemplo: "Tuve un desacuerdo con mi jefe porque me asignó una tarea que consideré injusta. Pensé que no valora mi esfuerzo y me sentí subestimado/a."

Paso 2: Identifica la creencia subyacente.

Este paso consiste en examinar los pensamientos que surgieron durante la situación. Pregúntate: "¿Qué estoy asumiendo que es verdad sobre esta situación?" Puede que descubras creencias como: "No soy suficiente", "Siempre me tratan injustamente" o "No tengo el control de mi vida". Estas suposiciones son el filtro a través del cual percibimos nuestras experiencias.

En el ejemplo, la creencia limitante podría ser: "Mi jefe no reconoce mi valor."

Paso 3: Reformula la creencia en una afirmación empoderadora.

Una vez que identifiques la creencia limitante, pregúntate: "¿Es absolutamente cierto que esta creencia es verdad?" Busca evidencia en contrario. Luego, crea una afirmación que sea positiva, realista y que te ayude a adoptar una perspectiva diferente.

Por ejemplo, puedes cambiar "Mi jefe no reconoce mi valor" por: "Mi jefe tiene sus propias presiones, pero yo sé lo que valgo y puedo comunicar mejor mis logros." Este cambio no solo transforma la manera en que ves la situación, sino también cómo decides actuar.

Veamos un ejemplo diferente para comprender este ejercicio en acción:

El Caso de Ana y su Relación con el Dinero:

Ana es una emprendedora que siente ansiedad cada vez que revisa sus finanzas. Recientemente tuvo un mes difícil en su negocio, lo que despertó pensamientos negativos como: "Nunca podré tener estabilidad financiera." Esto afectó su confianza y la llevó a evitar tomar decisiones importantes.

Paso 1: Escribir la situación.

Ana escribió: "Este mes tuve menos ingresos de lo esperado. Me siento incapaz de manejar mi negocio y constantemente preocupada por mi futuro financiero."

Paso 2: Identificar la creencia subyacente.

Al reflexionar, Ana descubrió una creencia que había heredado de su familia: "El dinero siempre es un problema y nunca alcanza." Esta idea había moldeado cómo veía sus finanzas y explicaba por qué evitaba enfrentar sus preocupaciones económicas de manera proactiva.

Paso 3: Reformular la creencia.

Ana decidió cuestionar su creencia limitante. Se preguntó: "¿Es cierto que el dinero siempre es un problema? ¿Hay momentos en los que he manejado mis finanzas con éxito?" Recordó ocasiones anteriores en las que había pagado deudas y logrado ahorrar. Esto la llevó a crear una nueva creencia: "Puedo aprender a manejar mi dinero de manera efectiva y construir estabilidad financiera."

Con esta nueva perspectiva, Ana creó un plan para mejorar su educación financiera y buscar asesoría. Al poco tiempo, notó una mejora significativa en su relación con el dinero.

Para que este ejercicio sea efectivo, es importante convertirlo en un hábito. Aquí tienes algunos consejos prácticos:

Crea un Diario de Creencias: Dedica un cuaderno exclusivamente para registrar situaciones que te generen frustración o tristeza. Anota tus pensamientos y las creencias que identifiques.

Repite tus nuevas creencias: Una vez que hayas reformulado una creencia limitante, escríbela como una afirmación empoderadora y repitela diariamente. Esto ayudará a que se convierta en parte de tu narrativa interna.

Busca ejemplos inspiradores: Leer historias de personas que han transformado sus vidas al cambiar su percepción puede motivarte y darte nuevas perspectivas. Busca biografías, entrevistas o testimonios que resuenen contigo.

Enfócate en pequeños pasos: Cambiar creencias profundamente arraigadas lleva tiempo. No te desesperes si no ves resultados inmediatos. Cada pequeño cambio es un avance significativo.

Haz un chequeo emocional regular: Dedica tiempo cada semana para reflexionar sobre tus emociones y las creencias que podrían estar detrás de ellas. Este hábito te ayudará a mantenerte consciente de tus pensamientos.

Rodéate de apoyo: Hablar con amigos, mentores o incluso un terapeuta puede ayudarte a identificar creencias limitantes que podrías pasar por alto.

Recuerda que las creencias limitantes no desaparecen de la noche a la mañana, pero cada vez que las desafías, te acercas un paso más a una versión más empoderada de ti mismo. La clave está en la consistencia y en tu compromiso contigo mismo.

Este ejercicio no solo es una herramienta para transformar tus pensamientos, sino también una puerta hacia una nueva forma de vivir. Al identificar y cambiar tus creencias, estarás construyendo una realidad alineada con tus sueños y valores. ¡El poder de crear está en tus manos!

Reflexión: Todo comienza en tu mente

La reflexión es una herramienta poderosa para profundizar en el autoconocimiento y abrirnos a nuevas posibilidades. A menudo, nuestras creencias limitantes pasan desapercibidas porque no nos detenemos a cuestionarlas. Este espacio está diseñado para que te permitas explorar esas creencias, desafiar tus perspectivas y abrirte a nuevas formas de interpretar tu realidad.

Preguntas de Introspección

1. ¿Qué creencias tienes sobre ti mismo que podrían estar limitando tu potencial?

Esta pregunta es clave para iniciar el proceso de autodescubrimiento. Muchas veces, las creencias limitantes son tan sutiles que parecen hechos. Tal vez piensas que no eres lo suficientemente inteligente, capaz o merecedor de éxito. Reflexiona sobre los mensajes que te has repetido a lo largo de los años y cómo han influido en tus decisiones.

Por ejemplo, si siempre has creído que "no soy bueno con los números", podrías haber evitado oportunidades en las que necesitabas habilidades matemáticas, limitando tu desarrollo profesional. Pregúntate: "¿De dónde viene esta creencia? ¿Qué evidencia tengo de que sea absolutamente cierta?" Muchas veces descubrirás que estas ideas provienen de experiencias pasadas o comentarios que otros te hicieron, pero no necesariamente reflejan la verdad.

2. ¿Cómo podrías ver una situación desafiante desde una nueva perspectiva?

Todos enfrentamos momentos difíciles. Sin embargo, lo que define el impacto de esos desafíos no es lo que ocurre, sino cómo lo interpretamos. Reflexiona sobre una situación reciente que te haya resultado complicada. Pregúntate: "¿Qué significado le estoy dando a esto? ¿Existe otra forma de verlo?"

Por ejemplo, si estás enfrentando una pérdida laboral, podrías interpretarlo como un fracaso personal. Pero también podrías verlo como una oportunidad para explorar un camino profesional más alineado con tus valores y pasiones. Cambiar la perspectiva no significa ignorar la dificultad, sino encontrar el aprendizaje o la posibilidad que se esconde detrás del desafío.

3. ¿Qué pequeña acción puedes tomar hoy para empezar a cambiar tu percepción?

La transformación empieza con pasos pequeños. Identifica una acción concreta que puedas realizar para practicar el cambio de perspectiva.

Ejemplo: "Hoy decidiré observar conscientemente tres cosas positivas en mi entorno, incluso si el día parece complicado."

4. ¿Cómo podrías inspirarte en las historias de otros para cambiar tu propia narrativa?

Reflexiona sobre personas que han superado desafíos significativos al cambiar su forma de ver las cosas. ¿Qué podrías aprender de ellos?

Ejemplo: "Oprah enfrentó grandes dificultades, pero encontró fortaleza en reinterpretar su historia. ¿Qué me detiene de hacer lo mismo?"

Consejos para Profundizar en tus Respuestas:

Haz una pausa: Dedica tiempo exclusivo a responder estas preguntas. Encuentra un lugar tranquilo donde puedas reflexionar sin interrupciones.

Escribe sin juicio: No te preocupes por la gramática o el estilo. Lo importante es que seas honesto contigo mismo.

Revisa tus respuestas: Una vez que termines, vuelve a leer lo que escribiste. Pregúntate: "¿Qué patrones o ideas recurrentes veo aquí?"

Compártelo si lo deseas: Hablar sobre tus reflexiones con alguien de confianza puede ayudarte a obtener nuevas perspectivas y enriquecer tu proceso.

Este espacio interactivo no solo es una oportunidad para reflexionar, sino también para dar el primer paso hacia el cambio. Al confrontar tus creencias limitantes y explorar nuevas perspectivas, estás sembrando las semillas para una transformación profunda. Recuerda que cada respuesta que encuentres te acerca más a la versión de ti mismo que deseas ser. ¡Adelante, el cambio empieza aquí!

Con esto hemos llegado al cierre de este primer capítulo, y con él una invitación a transformar la manera en que experimentas tu vida. Lo que has aprendido aquí es una llave que puede abrir las puertas hacia una nueva realidad. Tu percepción, ese filtro interno que aplicas a cada experiencia, define lo que ves, lo que sientes y las acciones que tomas. Y lo más poderoso es que esa percepción está bajo tu control.

Recapitulemos los puntos clave:

La percepción no es permanente ni inmutable; es un proceso que puedes modificar conscientemente. Al identificar las creencias que limitan tu perspectiva, tienes la

27

oportunidad de cambiarlas y con ello, transformar tu realidad.

Las creencias limitantes actúan como barreras invisibles que distorsionan la manera en que interpretas los eventos de tu vida. Pero una vez que las desafías, se convierten en oportunidades para el crecimiento.

El ejercicio práctico de este primer capítulo te permite identificar esas creencias y reemplazarlas con afirmaciones empoderadoras que refuercen una nueva narrativa sobre ti mismo y tus posibilidades.

Al integrar estos conceptos y herramientas, estás dando un paso importante hacia una vida más plena y consciente. Este no es un cambio que ocurre de la noche a la mañana, pero cada pequeño ajuste en tu percepción puede generar un impacto profundo en cómo experimentas el mundo.

"Recuerda, tu percepción es la llave que abre las puertas a una nueva realidad."

Esta frase encapsula la esencia de este capítulo. Cada vez que te enfrentes a un desafío, recuerda que tienes la capacidad de elegir cómo interpretarlo y qué significado darle.

Te invito a poner en práctica este ejercicio durante la próxima semana. Dedica al menos diez minutos al día para reflexionar sobre una situación desafiante. Escribe los detalles, identifica la creencia subyacente y reformula una afirmación que te empodere. Observa los cambios en tu perspectiva y cómo éstos impactan tu estado emocional y tus acciones.

El cambio comienza con una decisión, y esa decisión está en tus manos. No esperes más. Este es el momento de tomar el control de tu percepción y abrirte a las infinitas posibilidades que te esperan. ¡Tú tienes el poder!

Ahora que has comprendido cómo la forma en que percibes el mundo puede transformar tu realidad, es momento de dar un paso más profundo. Existe un poder inmenso que, aunque siempre ha estado contigo, muchas veces ignoramos: el poder del ahora. No se encuentra en lo que ya pasó ni en lo que esperas que venga, sino en este mismo momento, aquí y ahora.

Cada instante que vives es una puerta abierta hacia nuevas posibilidades, pero para cruzarla necesitas estar presente, plenamente consciente. El ahora no es solo un lugar de refugio frente al ruido de la vida; es el terreno fértil donde se siembran tus sueños, donde las señales del universo se hacen evidentes y donde todo puede comenzar a cambiar.

En el próximo capítulo, descubrirás cómo el presente es la llave para desbloquear tu conexión más profunda con la creación. Te sumergirás en prácticas que te enseñarán a estar verdaderamente aquí, a escuchar lo que tu intuición tiene para decirte y a convertir cada momento en un paso consciente hacia la vida que deseas. ¿Estás listo para encontrar la magia que solo puede ocurrir en este instante? Lo que te espera podría cambiarlo todo.

Capítulo 2

El Poder del Presente

En nuestra vida cotidiana, es fácil quedar atrapados en la añoranza del pasado y las expectativas del futuro. Pero el ahora, ese instante fugaz en el que todo sucede, a menudo se nos escapa. El momento presente es el lugar donde ocurren todas nuestras decisiones, emociones y acciones. ¿Te has detenido alguna vez a considerar cómo vivir plenamente este instante podría transformar tu vida?

Hace unos años, una amiga me compartió algo que marcó mi perspectiva. Ella había pasado por una situación difícil: había perdido un empleo que amaba y, con ello, su sentido de dirección. En su ansiedad por recuperar la estabilidad, llenó sus días de planes y proyecciones. Pero cuanto más se enfocaba en cómo reconstruir su futuro, más se alejaba de su paz. Hasta que un día, mientras caminaba hacia su casa, decidió detenerse. Simplemente se sentó en una banca de un parque, respiró profundamente y solo observó. Notó la brisa, el sonido de las hojas, la calidez del sol. Por primera vez en mucho tiempo, no estaba preocupada ni por lo que había perdido ni por lo que necesitaba lograr. Me dijo: "En ese momento, entendí que el presente es el único lugar donde puedo encontrarme a mí misma."

Su experiencia resuena porque muchos de nosotros vivimos desconectados del presente. Estamos tan acostumbrados a perseguir metas, solucionar problemas y anticiparnos a lo que viene, que rara vez nos damos permiso de simplemente ser. Sin embargo, cuando te permites estar completamente en el momento, descubres algo extraordinario: el presente tiene una riqueza y profundidad que no se encuentra en ningún otro lugar. Es el punto donde puedes actuar, reflexionar y decidir.

Piensa en las veces que has experimentado una sensación de plenitud: un atardecer que te dejó sin aliento, una conversación profunda con alguien que amas, un abrazo, el olor del café recién hecho, el sabor de esa comida que te encanta, la caricia que le das a tus hijos, la demostración de afecto de tu mascota, o incluso un momento de silencio donde todo parecía estar en armonía. Esos momentos no son fruto del azar; son el resultado de estar plenamente presente. El presente no es solo un momento más, es el epicentro de tu vida.

Una de las enseñanzas más poderosas que he aprendido es que el presente es un maestro paciente. Siempre está disponible, esperando que volvamos a él. Pero requiere intención. En un mundo que glorifica la velocidad y la productividad, detenerse a vivir el ahora puede parecer contracultural. Sin embargo, es precisamente en esos instantes de quietud donde encontramos nuestra verdadera esencia.

Un día, mientras participaba en un retiro, nos pidieron realizar un ejercicio sencillo pero desafiante: caminar durante diez minutos sin pensar en el destino. Solo caminar, sintiendo cada paso, escuchando cada sonido, percibiendo cada sensación. Fue revelador. Me di cuenta de cómo mi mente constantemente intentaba adelantarse: "¿Cuánto falta para terminar?" o "¿Estoy haciéndolo bien?". Pero cuando logré callar esos pensamientos y enfocarme en el acto de caminar, algo cambió. Me sentí conectada, ligera, viva.

El presente tiene esa capacidad: te devuelve a ti mismo. No se trata de un ejercicio vacío ni de un lujo espiritual. Es una práctica que transforma la manera cómo afrontas tus desafíos, cómo te relacionas contigo mismo y con los demás. Vivir en el ahora no significa ignorar el pasado o dejar de planificar el futuro. Significa reconocer que el momento presente es donde radica tu poder para decidir qué hacer con todo ello.

Conecta con el presente.
El único lugar donde la vida sucede

Pregúntate: ¿Cuántas veces has estado en un lugar hermoso, rodeado de oportunidades para disfrutar, de familia o amigos, pero te has perdido en tu mente y te has perdido de ese precioso momento? O ¿cuántas conversaciones has tenido donde, en lugar de escuchar, estás pensando en lo que dirás después? Esas pequeñas desconexiones nos roban la riqueza de la vida.

Hoy quiero invitarte a experimentar algo distinto. Mientras lees este capítulo, tómate un momento para respirar profundamente. Siente el peso de tu cuerpo donde estás sentado, el sonido que te rodea, la textura de las páginas o pantalla. Este es tu ahora. No necesitas esperar más para encontrar paz, está aquí, disponible para ti.

¿Cómo sería tu vida si pudieras vivir más momentos así? Si el presente es donde ocurre la vida, entonces aprender a habitarlo es el regalo más grande que puedes darte. Este capítulo te guiará a reconectar con ese poder, porque cuando aprendes a estar presente, comienzas a ver el mundo con ojos nuevos y a experimentar una realidad más plena y significativa.

El presente es el lugar donde todo sucede, donde tienes la oportunidad de actuar, decidir y experimentar la vida en su forma más pura. Sin embargo, vivimos en una sociedad que glorifica la multitarea, que nos impulsa a anticiparnos constantemente al futuro o a analizar excesivamente el pasado. Este hábito de "ausencia" nos desconecta de nuestra esencia, de los momentos simples pero poderosos que componen nuestra existencia.

Nuestro cerebro tiene la fascinante capacidad de viajar en el tiempo. Podemos revivir momentos del pasado con una nitidez emocional abrumadora y anticipar escenarios futuros con tal realismo que nos provocan ansiedad. Aunque esta habilidad nos ha permitido aprender de nuestras experiencias y planificar para el futuro, también se ha convertido en una trampa. La mayor parte de las personas pasa casi la totalidad de su tiempo mental en cualquier lugar excepto en el presente.

Estudios recientes de neurociencia han demostrado que nuestra mente divaga cerca del 47% del tiempo. Esto significa que casi la mitad de nuestra vida la pasamos "desconectados" del ahora. Piensa en esto: cuando conduces al trabajo, ¿realmente notas el paisaje? O cuando estás con tus amigos, ¿cuántas veces estás pensando en lo que tienes que hacer después en lugar de escuchar lo que dicen?

Esa desconexión tiene un precio. Cuando estamos atrapados en recuerdos del pasado, podemos experimentar culpa, tristeza, arrepentimiento o añoranza. Cuando nos enfocamos excesivamente en el futuro, caemos en la ansiedad y el miedo. Ambos extremos nos roban la paz del ahora, que es el único momento en el que podemos actuar.

La verdadera transformación ocurre cuando eliges habitar el presente. No es solo una idea bonita; es una práctica que tiene beneficios tangibles y medibles:

Reducción del estrés: Cuando estás presente, no te preocupas por lo que podría pasar o por lo que ya sucedió. Esto disminuye la carga emocional que a menudo asociamos con nuestras responsabilidades diarias.

Mayor Claridad Mental: El ahora te permite tomar decisiones más conscientes, ya que no estás influenciado por el ruido de pensamientos intrusivos.

Conexiones Auténticas: Estar presente mejora la calidad de tus relaciones. Escuchar activamente y estar disponible emocionalmente fortalece los vínculos con quienes te rodean.

Disfrute Profundo: Las pequeñas cosas, como el sabor de una comida, el sentimiento de paz que te invade cuando respiras aire puro, o la calidez del sol en tu piel, se convierten en fuentes de alegría cuando estás consciente de ellas.

Mejora de la Salud Mental: Estudios han demostrado que la atención plena ayuda a reducir síntomas de depresión y ansiedad, mejorando el bienestar general.

Reconexión con la Intuición: Cuando estás presente, te abres a una conexión más profunda contigo mismo. El ruido mental disminuye, permitiendo que tu intuición se haga más clara. Esa "voz interior" que a menudo ignoramos comienza a guiarte, ayudándote a tomar decisiones alineadas con tu esencia.

La atención plena transforma tus experiencias

La atención plena, o mindfulness, es una práctica espiritual respaldada por la ciencia. Investigaciones han demostrado que practicar mindfulness altera la estructura del cerebro de manera positiva. Una de las áreas más impactadas es el hipocampo, relacionado con la memoria y la regulación emocional. Además, la corteza prefrontal, encargada de la toma de decisiones y la concentración, también se fortalece.

En contraposición, la amígdala, que es la parte del cerebro que activa nuestras respuestas de lucha o huida, disminuye su actividad cuando practicamos mindfulness regularmente. Esto significa que nos volvemos menos reactivos y más capaces de responder de manera consciente ante situaciones estresantes.

Al estar presentes, también desarrollamos una sensibilidad especial hacia las señales que el mundo nos ofrece. Las personas que practican la presencia consciente suelen reportar que "las cosas encajan" o que comienzan a notar patrones y coincidencias que antes pasaban desapercibidas. Estos momentos, que muchos llaman milagros o sincronicidades, se vuelven más evidentes porque estás alineado con la energía del momento.

Imagínate que cada persona lleva puestos unos lentes que filtran lo que ven. Los lentes del pasado están manchados con recuerdos, culpas y arrepentimientos. Los lentes del futuro están nublados por preocupaciones de "¿qué pasaría si...?". Pero los lentes del presente son diferentes: son claros, limpios, y te permiten ver el mundo tal como es, sin distorsiones.

Cuando eliges ponerte los lentes del presente, empiezas a notar cosas que antes pasaban desapercibidas. Te das cuenta de los pequeños gestos de amabilidad de quienes te rodean, de la belleza en lo ordinario y de la inmensa capacidad que tienes para responder a los desafíos con serenidad.

Estar presente no solo reduce el ruido mental, también amplifica tu sensibilidad hacia las respuestas internas y externas. Cuando eliges habitar el presente, empiezas a reconocer la sabiduría que siempre ha estado en ti. Esa intuición, que a menudo ignoramos en el ruido de la vida moderna, se activa cuando te permites escuchar.

Por ejemplo, ¿alguna vez has tenido un "presentimiento" que te guió hacia una solución inesperada? Esos momentos no son casualidades; son una manifestación de tu capacidad para percibir señales y conectar con la energía del momento presente.

Cuando estás presente, también comienzas a notar "milagros" que antes pasaban desapercibidos: una conversación que llega en el momento justo, una oportunidad inesperada o incluso el simple hecho de sentir gratitud por algo que antes dabas por hecho. El presente no solo es el lugar donde la vida sucede; es también el portal hacia las infinitas posibilidades que te rodean.

El presente no es un estado que eliges. Cada vez que decides detenerte, respirar y estar consciente de lo que está ocurriendo a tu alrededor, estás dando un paso hacia una vida más plena. El poder del ahora no radica en ser un momento donde "todo se detiene", sino en ser el espacio donde todo es posible.

Este capítulo te invita a experimentar esa posibilidad, a practicar la presencia consciente. Hazlo un momento a la vez, un respiro a la vez. Descubre cómo al estar presente, no solo transformas tu percepción, sino también el mundo que te rodea. Al hacerlo, despertarás tu intuición y abrirás la puerta a milagros y sincronicidades que antes parecían inalcanzables.

Cuando pensamos en personas que han transformado sus vidas, muchas veces encontramos historias de resiliencia, valentía y una profunda conexión con el momento presente. Estas historias no solo nos inspiran, sino que también nos muestran cómo el poder del ahora puede ser el catalizador de un cambio significativo. Permíteme compartir dos historias: una de una figura conocida y otra de alguien ordinario que logró resultados extraordinarios al abrazar el presente.

La Transformación de Viktor Frankl: Encontrar Propósito en el Presente

Viktor Frankl, psiquiatra y autor de El hombre en busca de sentido, vivió una de las experiencias más desgarradoras que un ser humano puede enfrentar: el Holocausto. Durante su tiempo en los campos de concentración, perdió a su familia, su hogar y todo lo que conocía. En ese entorno inimaginablemente cruel, donde el pasado era un recuerdo doloroso y el futuro parecía inexistente, Frankl encontró refugio en el momento presente.

Frankl observó que aquellos que lograban mantener una chispa de esperanza tenían algo en común: una capacidad de enfocarse en pequeños actos de significado dentro del ahora. Para él, eso significaba brindar apoyo emocional a otros prisioneros, recordar momentos felices y valorar incluso el hecho de ver un amanecer. En sus propias palabras, escribió: "Todo se le puede quitar a un hombre, excepto una cosa: la última de las libertades humanas, elegir la actitud con la que enfrentaremos cualquier circunstancia."

Esta actitud hacia el presente fue lo que lo ayudó a sobrevivir. Frankl demostró que, incluso en las condiciones más extremas, tenemos la capacidad de decidir cómo interpretamos nuestra realidad. Su historia no solo es un testimonio de resiliencia, sino también una invitación a recordar que, sin importar cuán desafiante sea nuestra situación, siempre podemos encontrar significado en el ahora.

Imagina por un momento estar en sus zapatos. Sin garantías de un mañana, sin certezas, ¿qué harías para encontrar un propósito? Su historia nos muestra que el presente no es solo un refugio; es un espacio donde podemos elegir ser libres, a pesar de las circunstancias externas.

La Historia de Sofía: Reconstruir la Vida un Momento a la Vez

Sofía era una madre soltera que, tras un divorcio traumático, se encontró en un lugar oscuro. Con una carga financiera pesada y una autoestima destrozada, se sentía completamente desconectada de sí misma y de su entorno. Su rutina diaria estaba marcada por el piloto automático: llevar a sus hijos a la escuela, trabajar largas horas y volver a casa agotada emocional y físicamente.

Un día, mientras esperaba en la fila de un supermercado, leyó una frase en un cartel: "Estar presente es el primer paso hacia la paz." Algo en esas palabras resonó profundamente con ella. Decidió investigar más sobre lo que significaba vivir en el presente y comenzó a practicar pequeños ejercicios de atención plena.

Sofía empezó con algo sencillo: cada mañana, antes de levantarse, dedicaba cinco minutos a respirar profundamente y enfocarse en su entorno. Al principio, le parecía una pérdida de tiempo, pero pronto notó un cambio. Su mente, que solía estar invadida por preocupaciones, comenzó a calmarse. Luego amplió su práctica al incluir pausas conscientes durante su día: mientras tomaba un café, jugaba con sus hijos o incluso en medio del tráfico.

Con el tiempo, Sofía empezó a sentir que el presente le ofrecía algo que nunca había encontrado en el pasado o en sus planes para el futuro: claridad. Esta claridad la ayudó a tomar decisiones importantes, como cambiar de trabajo y establecer límites en sus relaciones. También le permitió disfrutar de momentos que antes pasaba por alto: las risas de sus hijos, el sabor de una comida casera y la belleza de una puesta de sol. Sofía no sólo reconstruyó su vida; la re imaginó, un momento a la vez.

Piensa en cómo un cambio tan pequeño como detenerse a respirar puede tener un impacto tan profundo. No se trata de transformar tu vida de un día para otro, sino de dar un paso a la vez, con la intención de estar presente.

Estas historias, aunque distintas, tienen un hilo conductor: el poder de elegir cómo experimentamos el presente. Viktor Frankl enfrentó condiciones extremas, mientras que Sofía enfrentó los desafíos cotidianos que muchos de nosotros conocemos. Ambos encontraron fortaleza en el ahora, demostrando que no importa cuán complejas o abrumadoras sean nuestras circunstancias, siempre hay algo que podemos hacer para reconectarnos con el presente.

Ahora te pregunto: ¿qué podrías descubrir si eligieras estar completamente presente en tu vida? Quizá te darías cuenta de que los problemas que parecen insuperables tienen soluciones que no habías considerado. Quizá notarías las pequeñas bendiciones que siempre han estado allí, esperando ser apreciadas.

El presente también tiene el poder de abrirte a milagros cotidianos. Tal vez sea una conversación inesperada que te brinde claridad, una oportunidad que surge de donde menos lo esperabas o la sensación de paz al aceptar lo que no puedes controlar. Estos momentos no son casualidades; son el resultado de estar alineado con el ahora.

La próxima vez que te enfrentes a un momento difícil, recuerda estas historias. Pregúntate: "¿Qué puedo hacer ahora mismo para encontrar significado en este momento?" Tal vez sea algo tan simple como tomar una respiración profunda, observar tu entorno o buscar un pequeño acto de gratitud. Cada uno de estos pasos te acerca más a la paz y al poder que solo el presente puede ofrecerte.

Estas historias nos recuerdan que el presente es más que un momento; es una elección. Y esa elección está disponible para ti, aquí y ahora. La pregunta es: ¿te atreverás a tomarla?

La teoría tiene su lugar, pero la verdadera transformación ocurre cuando ponemos en práctica lo que hemos aprendido. Este capítulo te invita a incorporar una herramienta poderosa y sencilla que puedes utilizar en cualquier momento para reconectar con el presente: La Pausa Consciente. Este ejercicio está diseñado para ayudarte a detener el piloto automático, reducir el ruido mental y regresar a la claridad y el equilibrio del ahora.

Escaneo emocional y conexión consciente

La Pausa Consciente: Tres Pasos hacia el Presente

La Pausa Consciente es un ejercicio estructurado en tres pasos que permite anclarse en el momento presente de forma rápida y efectiva. No necesitas ningún material especial ni un entorno tranquilo; solo tu disposición para practicarlo.

Paso 1: Detente

En medio de tu día, cuando notes que tu mente está divagando, te sientas abrumado o atrapado en pensamientos de preocupación o frustración, haz una pausa intencional. Detente donde estés y reconoce que necesitas un momento para volver a centrarte. Este simple acto de detenerte es poderoso porque rompe el ciclo automático de pensamientos reactivos.

Un ejemplo común: Estás en una reunión de trabajo y notas que tu mente comienza a preocuparse por un plazo inminente. En lugar de dejar que la ansiedad te controle, puedes optar por detenerte mentalmente y pasar al siguiente paso. Este primer paso es fundamental porque muchas veces actuamos sin darnos cuenta de que estamos en un modo reactivo.

Piensa en detenerte como un acto de autocuidado. Es tu manera de decirte: "Este momento merece mi atención completa". Detenerte también significa darte permiso para no tener todas las respuestas de inmediato y reconocer que la claridad llega cuando haces espacio para ella.

Paso 2: Respira

Cierra los ojos si es posible, y toma tres respiraciones profundas. Inhala lentamente por la nariz contando hasta cuatro, mantén el aire durante dos segundos y exhala por la boca contando hasta seis. Mientras respiras, lleva tu atención completamente a la sensación del aire entrando y saliendo de tu cuerpo. Este acto de concentrarte en tu respiración calma tu sistema nervioso y reduce la respuesta de estrés de tu cerebro.

La respiración es una herramienta poderosa porque siempre está contigo. En momentos de tensión, tu respiración tiende a acelerarse y volverse superficial, lo que refuerza la sensación de ansiedad. Al practicar una respiración consciente, envías una señal a tu cuerpo de que estás a salvo, ayudando a restaurar un estado de calma.

Dedica tiempo a explorar cómo se siente una respiración profunda y consciente. Observa cómo el aire llena tus pulmones, cómo tu pecho se expande y cómo, al exhalar, liberas tensión acumulada. En este paso, no solo te estás conectando con el presente; también estás renovando tu energía y creando espacio para que surjan nuevas perspectivas.

Paso 3: Observa

Abre tus sentidos al momento presente. Observa tres cosas que puedas ver, tres que puedas oír y tres que puedas sentir. Por ejemplo, podrías notar el color de las hojas de un árbol cercano, el sonido del tráfico en la distancia y la textura de tu ropa contra tu piel. Este ejercicio de observación activa te ayuda a salir del espacio mental de preocupación y a reconectar con lo que realmente está ocurriendo a tu alrededor.

Para integrar este paso, también puedes agregar una pregunta poderosa: "¿Qué puedo apreciar en este momento?" Esta pregunta redirige tu atención hacia los

43

aspectos positivos o significativos del ahora. Este acto de observar también te permite practicar la gratitud por las pequeñas cosas que de otro modo podrían pasar desapercibidas.

Piensa en este paso como una invitación a redescubrir el mundo con curiosidad. No importa cuán cotidiana parezca tu situación; siempre hay algo nuevo que notar, algo que te ancle al presente y te conecte con una sensación de renovación.

Aplicación de la Pausa Consciente en Situaciones Cotidianas

Para entender cómo aplicar esta herramienta, acompáñame en un ejemplo práctico:

María es una profesional que vive constantemente bajo presión. Un día, mientras trabaja en un proyecto importante, recibe un correo electrónico que la llena de ansiedad. Su primera reacción es tensarse, sentir su corazón acelerarse y comenzar a pensar en todos los posibles problemas que podrían surgir. Sin embargo, decide practicar la Pausa Consciente:

Detente: María se da permiso para dejar de teclear por un momento y reconoce que necesita un respiro.

Respira: Toma tres respiraciones profundas, sintiendo cómo el aire entra y sale de sus pulmones. En cada exhalación, visualiza cómo su cuerpo libera tensión.

Observa: Mira a su alrededor y nota el brillo del sol entrando por la ventana, escucha el sonido del reloj en su escritorio y siente el calor de su taza de café. Este momento de presencia le devuelve la claridad para responder al correo con calma en lugar de reaccionar impulsivamente.

Este ejemplo muestra cómo, en solo unos minutos, puedes cambiar tu estado mental y emocional. La Pausa Consciente no sólo la ayudó a reducir su ansiedad en ese momento, sino que también la preparó para enfrentar el resto del día con mayor equilibrio y efectividad.

La clave para aprovechar al máximo esta herramienta es practicarla de manera consistente. Aquí tienes algunas sugerencias para integrarla en tu rutina diaria:

Asocia la práctica con una actividad habitual: Por ejemplo, haz una Pausa Consciente antes de comenzar una reunión, al entrar en casa después del trabajo o mientras esperas en una fila.

Usa recordatorios visuales: Coloca notas en tu espacio de trabajo o en tu casa con palabras como "Respira" o "Estoy aquí y ahora".

Establece intenciones diarias: Al despertar, comprométete a practicar la Pausa Consciente al menos tres veces durante el día. Por la noche, reflexiona sobre los momentos en los que lograste estar presente.

Celebra tus logros: Cada vez que completes una Pausa Consciente, reconoce tu esfuerzo. Esto refuerza el hábito y lo hace más agradable.

Con el tiempo, practicar la Pausa Consciente puede transformar tu manera de experimentar la vida. Algunos de los beneficios incluyen:

Reducción del Estrés Crónico: Al estar más presente, disminuye la respuesta automática de lucha o huida de tu cuerpo.

Mayor Empatía: Al reducir el ruido mental, te vuelves más consciente de las necesidades y emociones de los demás.

Aumento de la Resiliencia: Afrontas los desafíos con una actitud más calmada y clara.

Conexión con la Intuición: Al estar presente, escucharás con más claridad las señales internas que te guían hacia decisiones alineadas con tu esencia.

La Pausa Consciente no es solo una técnica; es una manera de reconectarse con el ahora y con todo lo que el momento presente tiene para ofrecerte. Cada vez que eliges detenerte, respirar y observar, estás entrenando tu mente para vivir de forma más plena y consciente. Este es el primer paso hacia una transformación profunda, porque cada pequeño momento que decides estar presente contribuye a una vida más rica y significativa.

Recuerda: el presente es tu mejor aliado. Practica la Pausa Consciente y descubre cómo este simple acto puede abrirte un mundo de posibilidades y paz interior.

El viaje hacia una vida plena comienza con la reflexión. El presente no solo es el lugar donde ocurre la vida, sino también el espacio donde puedes replantearte tus creencias, encontrar claridad y redescubrir qué es realmente importante para ti. Este momento de pausa es una invitación a mirar hacia adentro, reconocer tus patrones y tomar decisiones conscientes sobre cómo deseas vivir.

Muchas veces, nos enfrentamos a situaciones que nos hacen cuestionar nuestro rumbo. Tal vez sea un desacuerdo con alguien cercano, una oportunidad perdida o simplemente un día en el que todo parece salir mal. En esos momentos, es fácil perder la perspectiva y caer en un ciclo de reacción automática. Sin embargo, al detenernos y reflexionar, podemos transformar esos desafíos en oportunidades para crecer y conectar con el presente.

Las siguientes preguntas te ayudarán a explorar tu relación con el presente y a identificar áreas en las que podrías encontrar más paz y claridad. Dedica unos minutos a responderlas con sinceridad y sin juicios. Este es un ejercicio personal que tiene el potencial de desbloquear nuevas perspectivas:

- ¿Qué creencias tienes sobre ti mismo que podrían estar limitando tu potencial?

Reflexiona sobre los pensamientos automáticos que surgen en tu mente. Por ejemplo, ¿te dices cosas como "No soy lo suficientemente bueno" o "No tengo tiempo para cambiar"? Identificar estas creencias es el primer paso para liberarte de ellas.

- ¿Cómo podrías ver una situación desafiante desde una nueva perspectiva?

Piensa en un desafío reciente que te haya causado estrés o frustración. ¿Qué pasó realmente? Ahora, imagina que eres un observador externo mirando la misma situación. ¿Qué consejo le darías a alguien más en tu lugar?

- ¿Cuáles son los pequeños momentos de tu día que das por hecho?

Haz una lista de cosas cotidianas que tal vez no hayas apreciado lo suficiente. Podría ser una taza de café caliente, una sonrisa de alguien cercano o incluso el simple hecho de despertarte esta mañana. Reflexiona sobre cómo estos momentos contribuyen a tu bienestar general.

47

- ¿Qué harías diferente si supieras que este es tu último día de vida?

Esta pregunta no tiene la intención de asustarte, sino de recordarte la importancia de vivir con intención. ¿Cómo cambiaría tu forma de interactuar con los demás, de tomar decisiones y de disfrutar los pequeños placeres de la vida?

- ¿Qué emociones surgen cuando te permites estar completamente presente?

Tómate un momento para recordar una ocasión en la que estuviste realmente presente. ¿Qué sentiste? Quizás fue calma, gratitud o incluso una conexión más profunda contigo mismo o con tu entorno.

Este es tu momento para escribir, reflexionar y profundizar. Toma un cuaderno, una hoja en blanco o incluso el espacio en este libro, y responde las preguntas anteriores con la mayor honestidad posible. No hay respuestas correctas o incorrectas; lo importante es que lo que escribas sea verdadero para ti.

Ejercicio:

Escribe tres creencias que sientes que podrían estar limitandote.

Ahora, redefinelas en afirmaciones positivas. Por ejemplo, si tu creencia es "Siempre fracaso", podrías redefinirla como "Cada intento me acerca más al éxito".

Reflexiona sobre una situación reciente que podrías haber manejado de manera diferente estando más presente. ¿Qué podrías haber cambiado?

Intención Diaria:

Escribe una intención para mañana que te recuerde estar presente. Por ejemplo: "Hoy elegiré observar los pequeños detalles de mi entorno" o "Me comprometo a escuchar activamente a las personas con las que interactúe".

Reflexión: La magia del momento presente

El acto de reflexionar no siempre es fácil. A menudo evitamos mirar hacia adentro porque tememos lo que podríamos encontrar. Pero es precisamente en esa exploración donde reside nuestro poder de transformación. La reflexión consciente te permite tomar las riendas de tu vida y elegir un camino que esté alineado con tus valores y deseos.

Recuerda que cada pregunta que te hagas es una puerta hacia una mayor comprensión de ti mismo. Las respuestas no siempre llegarán de inmediato, y eso está bien. Lo importante es crear el espacio para que surjan.

Hoy te invito a practicar esta reflexión como un acto de amor propio. Dedica unos minutos cada día para reconectar contigo mismo y con el presente. Al hacerlo, descubrirás que las respuestas que buscas no están en el pasado ni en el futuro, sino aquí, en el ahora.

Llegados a este punto, quiero que hagas una pausa. Detente y respira profundamente. Estás aquí, leyendo estas palabras, porque en el fondo sabes que algo puede cambiar, que algo necesita cambiar. Estás listo para reclamar el poder que siempre ha estado en ti, ese poder que comienza con la decisión de estar presente.

El presente es la herramienta más poderosa para transformar tu realidad. Es en el ahora donde puedes tomar las decisiones que definirán tu vida, donde puedes liberarte de las cadenas del pasado y de las ansiedades del futuro. Este momento, aquí mismo, es el portal hacia todo lo que deseas.

Reflexiona por un instante: ¿Qué podrías lograr si cada día eligieras estar presente? ¿Cómo cambiaría tu vida si, en lugar de reaccionar a los eventos, eligieras responder desde un lugar de claridad y equilibrio? El ahora es mucho más que un instante; es el espacio donde puedes crear, conectar y avanzar.

Hoy te invito a tomar una decisión valiente: comprométete contigo mismo a practicar la presencia consciente. Durante los próximos siete días, haz de la Pausa Consciente una práctica diaria. No necesitas grandes cantidades de tiempo ni lugares especiales. En medio de tu rutina, simplemente detente, respira y observa. Cada vez que lo hagas, estarás fortaleciendo, recuperando tu poder y entrenando tu mente para estar alineada con el ahora.

Además, escribe tus reflexiones. Usa las preguntas de este capítulo como guía para explorar tus creencias, identificar tus patrones y abrirte a nuevas perspectivas. No subestimes el poder de plasmar tus pensamientos; es una forma de hacer visible lo que a menudo permanece oculto.

Recuerda estas palabras: "El ahora es todo lo que tienes. Hazlo tu aliado." Cada vez que elijas el presente, estarás eligiendo tu mejor versión, una versión que actúa con intención, que ve oportunidades donde antes había problemas y que encuentra paz en medio del caos.

Estás listo para dar el primer paso. No esperes más. El momento de transformar tu vida comienza ahora.

Ahora que has explorado el poder transformador de estar presente y has sentido cómo el ahora puede ser un portal hacia nuevas posibilidades, es momento de mirar aún más profundamente dentro de ti. Porque, aunque el presente es el lugar donde todo comienza, son tus pensamientos y creencias los que trazan el mapa de lo que permites o bloqueas en tu vida.

Detente por un momento y reflexiona: ¿cuántos de tus pensamientos son tuyos realmente? ¿Y cuántos son eco de creencias limitantes que has heredado, aprendido o aceptado sin cuestionar? El siguiente capítulo te llevará a desmantelar esas estructuras internas que, como muros invisibles, te han mantenido en el mismo lugar. Aprenderás a reprogramar tu mente, a reemplazar los patrones que ya no te sirven con una visión expansiva de lo que puedes ser y crear.

Lo que te espera es un viaje hacia la verdadera libertad: la libertad de diseñar tu vida desde la certeza y el poder de elegir tus pensamientos. ¿Estás listo para tomar las riendas de tu mente y transformarla en la herramienta más poderosa de creación? Lo mejor está por venir.

Capítulo 3

Reprograma tu Mente

Nuestra mente es un espacio donde se almacenan creencias que hemos asimilado desde que somos niños. Algunas de estas creencias actúan como pilares que nos sostienen, mientras que otras son como barreras invisibles que nos limitan sin que siquiera nos demos cuenta. ¿Cuántas veces te has detenido a preguntarte si tus pensamientos están frenando tu avance? Esta pregunta puede parecer sencilla, pero encierra el primer paso hacia una transformación profunda.

Quiero compartir una historia personal que ilustra cómo nuestras creencias pueden moldear nuestra realidad. Cuando estaba comenzando mi carrera profesional, tenía una creencia profundamente arraigada de que no era lo suficientemente creativa. Siempre admiraba a las personas que parecían tener ideas brillantes al instante, mientras que yo dudaba de las mías. Cada vez que proponía algo, sentía que no era lo suficientemente bueno o que no estaría a la altura de las expectativas.

Esta creencia comenzó a limitarme. Evitaba participar en reuniones importantes porque temía que mis ideas fueran rechazadas. Incluso cuando me felicitaban por mi trabajo, mi mente encontraba formas de minimizar esos logros. Decía cosas como: "Fue suerte" o "No es tan importante".

Un día, mientras escuchaba una charla sobre el poder de las creencias, el orador mencionó algo que me impactó profundamente: "Tus pensamientos son como las puertas de una casa. Algunos te abren hacia nuevas oportunidades, mientras que otros te mantienen encerrado en la misma habitación." Esa frase resonó conmigo. Me di cuenta de que había estado viviendo en una habitación mental pequeña y cerrada, decorada con pensamientos de duda y autocrítica.

Decidí tomar acción. Empecé a observar mis pensamientos y a cuestionarlos activamente. Cada vez que aparecía el pensamiento "No soy creativa", lo desafiaba preguntándome: "¿De dónde viene esta idea? ¿Qué evidencia tengo de que es cierta?" Me obligué a reconocer los momentos en los que mi creatividad había brillado, incluso en pequeños detalles. Poco a poco, modifiqué esa creencia en algo más constructivo: "Estoy aprendiendo a confiar en mi creatividad y a expresarla cada vez más."

Con el tiempo, noté un cambio radical. Comencé a participar más en proyectos creativos y a recibir reconocimiento por mis aportes. Lo que antes era una barrera invisible se convirtió en una puerta hacia nuevas oportunidades y confianza.

¿Cuántas veces has dado por hecho que tus pensamientos son una verdad incuestionable? Piensa en una situación en la que te hayas sentido limitado o incapaz de actuar. ¿Qué pensamientos surgieron en ese momento? Tal vez te dijiste que no eras lo suficientemente bueno, que no tenías la experiencia necesaria o que el éxito estaba reservado para otros. Ahora reflexiona: ¿Cómo habría cambiado esa situación si hubieras cuestionado esos pensamientos?

Es importante recordar que nuestra mente funciona como un filtro. Lo que creemos determina lo que vemos, lo que sentimos y, en última instancia, cómo actuamos. Si llevas puesto un filtro negativo, es probable que solo veas razones para no intentar algo nuevo. Pero cuando cambias ese filtro, empiezas a ver posibilidades donde antes solo había obstáculos.

Como dijo un sabio anónimo: "El primer paso para cambiar tu vida es cambiar tu mente." Esta frase encapsula el poder transformador que tienes en tus manos. No necesitas ser perfecto, ni tener todas las respuestas. Solo necesitas dar ese primer paso: cuestionar tus pensamientos y elegir conscientemente qué creer.

La próxima vez que te enfrentes a una situación desafiante, pregúntate: "¿Qué historia me estoy contando sobre esto?" Esta simple pregunta puede abrirte a un nuevo mundo de posibilidades. Porque cuando cambias tu mente, comienzas a cambiar tu realidad.

En este capítulo, exploraremos herramientas prácticas y efectivas para identificar y transformar tus creencias limitantes. Aprenderás cómo reprogramar tu mente para que trabaje a tu favor, no en tu contra. Este es el momento de tomar el control de tu narrativa y abrirte a la vida que siempre has deseado. Comencemos juntos este viaje hacia una mente renovada y una realidad transformada.

Tus creencias subconscientes: aliadas o saboteadoras

En el Capítulo 1, exploramos el concepto de las creencias limitantes como filtros que distorsionan nuestra percepción de la realidad. Vimos cómo estas creencias se forman a partir de nuestras experiencias y cómo afectan la forma en que interpretamos lo que sucede a nuestro alrededor. Ahora, vamos a profundizar en este tema y a entender cómo podemos identificar y transformar esas creencias desde su origen.

Anteriormente hablamos de cómo nuestras creencias funcionan como un filtro: lo que vemos, sentimos y experimentamos está condicionado por las historias que nos contamos a nosotros mismos. Este capítulo va más allá, explorando no solo cómo surgen estas creencias, sino también cómo se arraigan en nuestro subconsciente y afectan cada área de nuestra vida.

Por ejemplo, si en el pasado enfrentaste un rechazo significativo, podrías haber desarrollado una creencia como: "No soy digno de amor". Esta idea, aunque parezca una simple frase en tu mente, tiene un impacto profundo. Puede influir en cómo te relacionas con los demás, en las decisiones que tomas en tus relaciones y hasta en cómo te percibes a ti mismo.

También mencionamos que las creencias limitantes funcionan como barreras invisibles. Lo que no exploramos entonces es cómo estas barreras están profundamente arraigadas en nuestro subconsciente. El subconsciente es como un almacén donde se guardan todas las experiencias, emociones y aprendizajes que hemos tenido. Lo interesante es que, aunque estas creencias están fuera de nuestra consciencia, siguen guiando nuestras acciones y decisiones.

Por ejemplo, una persona que internaliza la creencia de que "El dinero es difícil de ganar" podría rechazar inconscientemente oportunidades de abundancia, saboteando sus esfuerzos para mejorar su situación financiera. Esto no ocurre porque quiera fracasar, sino porque su subconsciente está actuando con base en un programa que considera verdadero.

La clave para cambiar este tipo de patrones es traer estas creencias al nivel consciente, algo que no exploramos a fondo en el primer capítulo. Una vez que somos conscientes de ellas, podemos comenzar a desafiarlas.

Otro aspecto que conecta este capítulo con el primero es la capacidad de nuestra mente para cambiar. En el Capítulo 1 hablamos de cómo un cambio en la percepción puede transformar nuestra experiencia. Ahora profundizamos en el mecanismo detrás de esto: la neuroplasticidad.

La neuroplasticidad es la capacidad del cerebro para crear nuevas conexiones neuronales y reorganizarse a lo largo de la vida. Esto significa que no estamos condenados a vivir con las creencias que hemos acumulado hasta ahora. Cada vez que eliges pensar de manera diferente o adoptar un nuevo hábito, estás entrenando a tu cerebro para reforzar conexiones positivas y debilitar las negativas.

Por ejemplo, si siempre te has dicho: "No soy bueno en los deportes", pero decides inscribirte en una clase de yoga y perseverar, estás demostrando a tu mente que esa creencia no es cierta. Con el tiempo, tu cerebro empezará a aceptar esta nueva narrativa como real.

Estrategias para Reprogramar el Subconsciente

Ahora que entendemos el impacto del subconsciente y el papel de la neuroplasticidad, veamos cómo podemos transformar nuestras creencias limitantes. Este capítulo amplía las herramientas mencionadas anteriormente, ofreciendo pasos específicos para reprogramar tu mente:

Identifica la creencia: Reflexiona sobre áreas de tu vida donde te sientas bloqueado. Pregúntate: "¿Qué pensamientos tengo cuando enfrento esta situación?".

Ejemplo: Si temes hablar en público, podrías descubrir que tu creencia limitante es: "No soy lo suficientemente bueno para ser escuchado".

Cuestiona su validez: Una vez identificada la creencia, pregúntate: "¿Es esto realmente cierto? ¿Qué evidencia tengo de que es verdad?".

Al hacerlo, podrías darte cuenta de que esta idea no tiene fundamento o que se basa en una experiencia aislada que no define tu realidad.

Reformula la creencia: Cambia la narrativa. Transforma esa frase limitante en una afirmación positiva y poderosa.

Ejemplo: "Tengo algo valioso que compartir, y mi voz merece ser escuchada".

Repite y refuerza: La repetición es clave para reprogramar el subconsciente. Cada vez que surja la creencia limitante, reemplázala conscientemente por la afirmación positiva.

Reprogramar tu mente no significa negar tus experiencias pasadas, sino re interpretarlas desde una perspectiva que te empodere. Lo que aprendiste en el Capítulo 1 sobre cambiar tu percepción refuerza las bases para este trabajo más profundo: identificar, cuestionar y transformar las creencias que guían tu vida.

Este proceso no es rápido ni automático, pero cada esfuerzo cuenta. Cada vez que eliges una nueva creencia, estás dando un paso hacia una versión más libre y empoderada de ti mismo. ¡El momento de comenzar es ahora!

Las historias de transformación personal son una de las formas más poderosas de demostrar que el cambio es posible. No importa cuán arraigadas estén tus creencias limitantes, siempre hay una manera de desafiarlas y superarlas. A continuación, compartiré dos casos de éxito: uno de una figura pública y otro de una persona ordinaria que logró resultados extraordinarios.

La Transformación de Jim Carrey: De las Limitaciones al Éxito

Jim Carrey es conocido como uno de los actores más exitosos de Hollywood, pero su camino hacia el éxito estuvo plagado de desafíos y creencias limitantes. Creció en un entorno marcado por la pobreza. Durante su adolescencia, su familia vivió en una furgoneta y luchaba para llegar a fin de mes. Estas circunstancias crearon en él la creencia de que el dinero y el éxito eran inalcanzables.

Sin embargo, en lugar de permitir que estas creencias definieran su futuro, Jim Carrey decidió reprogramar su mente. Una de las técnicas que utilizó fue la visualización creativa. En 1990, mucho antes de alcanzar la fama, escribió un cheque ficticio de 10 millones de dólares por "Servicios de Actuación" y lo fechó para 1995. Todos los días se visualizaba recibiendo ese cheque y logrando el éxito en su carrera.

Durante esos años, enfrentó numerosos rechazos y momentos de duda. Sin embargo, mantuvo su enfoque y continuó trabajando en su visión. En 1994, su vida dio un giro cuando protagonizó Ace Ventura, La Máscara y Tontos y más Tontos, logrando el éxito financiero que había visualizado. En 1995, recibió un cheque real de 10 millones de dólares, tal como había imaginado.

La historia de Jim Carrey nos enseña que nuestras circunstancias actuales no tienen que definir nuestro futuro. Al reprogramar su mente para creer en la posibilidad del éxito, logró superar sus limitaciones y construir una realidad alineada con sus sueños. Su ejemplo es un recordatorio de que el cambio comienza con la decisión de ver más allá de nuestras barreras mentales.

La Historia de Laura: De la Autoestima Baja a una Vida Plena

Laura, una joven de 32 años, pasó gran parte de su vida luchando con una creencia profundamente arraigada: "No soy suficiente". Desde niña, escuchó críticas constantes sobre su apariencia y habilidades. Estas palabras dejaron una marca en su subconsciente, llevándola a creer que no era digna de amor, éxito o felicidad.

Cuando Laura llegó a la universidad, estas creencias comenzaron a afectar su rendimiento. Evitaba participar en clase, temiendo que sus ideas fueran ridiculizadas. En sus relaciones personales, aceptaba tratos injustos porque creía que no merecía algo mejor. Su autoestima estaba en su punto más bajo.

Un día, una amiga cercana le regaló un libro sobre el poder de las afirmaciones positivas. Al principio, Laura se mostró escéptica, pensando que las palabras no podrían cambiar su realidad. Sin embargo, decidió intentarlo. Comenzó escribiendo afirmaciones simples como: "Soy suficiente" y "Merezco lo mejor que la vida tiene para ofrecer". Pegó estas frases en el espejo de su habitación y las repitió todos los días.

Al principio, estas afirmaciones le parecían forzadas y poco reales. Pero, con el tiempo, algo comenzó a cambiar. Laura notó que, al repetir estas palabras, empezaba a actuar de manera diferente. Comenzó a hablar más en clase, a expresar sus ideas y a poner límites en sus relaciones.

Estos pequeños pasos crearon un efecto dominó que transformó su vida.

Hoy, Laura dirige su propia empresa y es defensora del desarrollo personal. Ella acredita su éxito a su decisión de reprogramar su mente y adoptar nuevas creencias. Su historia es un testimonio de que, aunque las creencias limitantes pueden parecer insuperables, siempre es posible cambiarlas con compromiso y perseverancia.

Piensa en las historias de Jim y Laura como espejos de tu propia experiencia. Sus circunstancias eran diferentes, pero sus retos reflejan algo universal: todos enfrentamos barreras mentales que nos limitan. Es posible que no te sientas identificado con la pobreza extrema de Jim o la baja autoestima de Laura, pero ¿qué hay de las creencias que silenciosamente influyen en tu día a día?

Tal vez te has dicho a ti mismo: "No tengo tiempo para perseguir mis sueños" o "No soy lo suficientemente bueno para lograr eso". Estas frases pueden parecer inofensivas, pero son las historias que construyen tu realidad. Al igual que Jim y Laura, tienes el poder de cuestionarlas, reformularlas y actuar desde una nueva narrativa.

Imagina por un momento cómo sería tu vida si eligieras creer en tu potencial. ¿Qué decisiones tomarías si supieras con certeza, que el éxito está a tu alcance? La clave no está en eliminar todos los miedos o dudas, sino en actuar a pesar de ellos. Jim no esperaba tener todas las respuestas; escribió su cheque como un acto de fe. Laura no esperó a sentirse segura; repitió afirmaciones hasta que su realidad comenzó a cambiar.

Hoy, te invito a reflexionar: ¿Qué cheque simbólico escribirías para tu vida? ¿Qué afirmación positiva podrías adoptar para reemplazar una creencia limitante?

Recuerda que el cambio no ocurre de la noche a la mañana, pero cada pequeño paso cuenta. Empieza hoy mismo, porque el poder de transformar tu realidad está dentro de ti.

El proceso de reprogramar tu mente es una invitación a conectar con tu esencia más pura, elevar tu vibración y abrir las puertas a una realidad que está alineada con tu verdadero potencial. Este enfoque no se trata solo de cambiar pensamientos, sino de reconectar con la fuente de energía y sabiduría universal que habita en cada uno de nosotros. Para lograrlo, te presentaré una herramienta inspirada en principios universales y técnicas transformadoras.

Ejercicio práctico: Reescribe tu diálogo interno

El Proceso de Transformación en Tres Pasos

Este proceso consta de tres pasos: revelar, transformar y arraigar. A diferencia de una simple identificación de creencias, este enfoque se centra en elevar tu conciencia y vibración, permitiendo alinear tu mente con energías superiores.

Paso 1: Revela las Creencias Ocultas

Para transformar tu mente, primero necesitas iluminar las áreas oscuras de tus pensamientos. Este paso implica reflexionar sobre las historias que te cuentas a ti mismo y descubrir las creencias que están limitando tu capacidad de manifestar la vida que deseas.

Ejercicio de introspección:

Cierra los ojos y realiza tres respiraciones profundas, enfocándote en el momento presente.

Piensa en un área de tu vida donde sientas estancamiento o frustración.

Pregúntate: "¿Qué pensamientos automáticos surgen cuando pienso en esta situación?" Escribe lo primero que venga a tu mente sin juzgarlo.

Por ejemplo, si sientes que no avanzas en tu carrera, podrías descubrir pensamientos como: "No soy lo suficientemente bueno" o "No merezco el éxito". Estos pensamientos son una manifestación de creencias profundas que necesitan ser transformadas.

Paso 2: Transforma la Energía de la Creencia

Aquí es donde se produce la verdadera alquimia mental y emocional. Este paso se basa en un principio universal: la energía sigue a la intención. Al cambiar tu enfoque y elevar tu vibración, puedes transformar una creencia limitante en una afirmación empoderadora.

Técnica de conexión con la fuente interna:

Escribe la creencia limitante que identificaste en el paso anterior.

Ahora cierra los ojos y visualiza esa creencia como una nube oscura en tu mente y siente cómo una luz dorada brillante desciende desde lo alto, envolviéndote con calma y claridad y comienza a disolver esa nube. Mientras lo haces, repite en voz alta: "Estoy liberando esta creencia y abriéndome a una nueva verdad".

Una vez que la nube se disipe, escribe una nueva afirmación que refleje la verdad que deseas integrar. Por ejemplo, reemplaza "No merezco el éxito" con "Estoy alineado con el éxito y las oportunidades fluyen hacia mí con facilidad".

Paso 3: Arraiga la Nueva Creencia

El cambio de creencias no es un acto único; requiere repetición y acción para integrarse completamente en tu vida. Este paso implica arraigar la nueva creencia en tu mente subconsciente y reforzarla con acciones alineadas.

Práctica diaria:

Cada mañana, repite tu nueva afirmación frente al espejo mientras mantienes contacto visual contigo mismo. Este acto no solo fortalece tu creencia, sino que también eleva tu vibración.

Durante el día, busca oportunidades para actuar desde esta nueva creencia. Por ejemplo, si tu afirmación es "Soy digno de amor", haz algo que refuerce esa idea, como darte tiempo para cuidar de ti mismo o expresar gratitud hacia alguien cercano.

Ejemplo Guiado: Transformando una Creencia de Escasez

María siempre había creído que el dinero era difícil de ganar. Esta creencia limitante se manifestaba en su vida como una constante lucha financiera. Al aplicar este proceso, María identificó que esa creencia provenía de frases que escuchaba en su infancia, como "El dinero no crece en los árboles".

Siguió los pasos:

Revelar: Reconoció su creencia limitante y cómo estaba afectando sus decisiones financieras.

Transformar: Utilizó la técnica de conexión con la fuente para visualizar la creencia disolviéndose y reemplazarla por: "El dinero es una energía que fluye libremente hacia mí".

Arraigar: Comenzó a practicar la gratitud por los recursos que ya tenía y a tomar decisiones financieras alineadas con abundancia, como invertir en su educación y buscar nuevas fuentes de ingresos.

En pocos meses, María notó un cambio significativo. No solo mejoró su situación financiera, sino también su confianza en su capacidad para crear abundancia.

Para reforzar este proceso, considera incorporar:

Meditaciones guiadas: Usa meditaciones que te ayuden a conectar con tu esencia y disolver creencias limitantes. Una meditación de 10 minutos al día puede ser suficiente para mantener tu mente enfocada.

Gratitud activa: Antes de dormir, escribe tres cosas por las que estés agradecido. Esto refuerza la energía positiva y ayuda a consolidar nuevas creencias.

Visualización creativa: Dedica unos minutos al día a imaginarte viviendo desde tu nueva creencia. Mientras lo haces, siente la emoción de esa experiencia como si ya fuera real.

Reprogramar tu mente no solo es un acto de transformación interna, sino una reconexión con tu poder creador. Cada vez que eliges liberar una creencia limitante, estás elevando tu vibración y alineándote con las posibilidades ilimitadas del universo.

Recuerda, este proceso requiere tiempo y dedicación, pero cada pequeño paso cuenta. Tu mente es una herramienta poderosa y, cuando la utilizas con intención, puedes diseñar una vida extraordinaria. Comienza hoy mismo, el cambio que buscas está al alcance de tu próxima elección.

Reprogramar tu mente no es un proceso que ocurra de la noche a la mañana. Requiere una profunda reflexión y la disposición de mirar dentro de ti para identificar las historias que te has contado, los patrones que te han limitado y las oportunidades que podrías estar dejando pasar. En esta sección, te invito a detenerte, reflexionar y conectar con las creencias que han guiado tu vida hasta ahora.

Tu mente subconsciente funciona como un archivo viviente que almacena las experiencias, influencias externas y elecciones que han dado forma a tu realidad. Este archivo, aunque poderoso, no está grabado en piedra y puede ser reorganizado para reflejar tus aspiraciones más elevadas. Sin embargo, como cualquier libro, puede ser reescrito. Este es el momento para considerar: ¿Qué historias he estado escribiendo sobre mí mismo y sobre el mundo? Y, lo más importante, ¿son esas historias realmente mías o las heredé de mi entorno?

Reflexión: La mente como tu mayor aliada

Para facilitar esta reflexión, aquí tienes algunas preguntas clave que pueden ayudarte a explorar las creencias que están influyendo en tu realidad actual. Dedica tiempo a responderlas honestamente y sin juzgarte. Este ejercicio es para ti, y cuanto más vulnerable seas contigo mismo, más transformador será el proceso.

¿Cuáles son las creencias que tengo sobre mí mismo que podrían estar limitando mi potencial?

Piensa en afirmaciones internas como "No soy lo suficientemente bueno", "Siempre fallo en esto" o "Nunca seré capaz de lograrlo".

Reflexiona sobre cómo estas creencias han influido en tus decisiones y resultados hasta ahora.

¿De dónde vienen estas creencias?

Reflexiona sobre si estas creencias surgieron de tus propias vivencias, de influencias externas como opiniones familiares, o de expectativas sociales que has interiorizado sin cuestionarlas.

Considera si estas creencias realmente reflejan tu verdad o si estás perpetuando patrones que no te pertenecen.

¿Cómo podría ver una situación desafiante desde una nueva perspectiva?

Piensa en un momento reciente en el que sentiste frustración o bloqueo.

Pregúntate: "¿Qué podría aprender de esta experiencia? ¿Cómo podría transformarla en una oportunidad de crecimiento?"

¿Qué afirmación positiva podría adoptar para reemplazar una creencia limitante?

Toma una creencia que hayas identificado y crea una afirmación que sea empoderadora, realista y motivadora.

Por ejemplo, reemplaza "Siempre fracaso" por "Cada intento me acerca más a mi objetivo".

¿Qué pequeñas acciones puedo tomar hoy para comenzar a actuar desde mis nuevas creencias?

Reflexiona sobre cómo podrías incorporar tus nuevas afirmaciones en tu vida diaria, ya sea a través de hábitos, decisiones o interacciones.

Espacio Interactivo para Escribir tus Respuestas

Este espacio es para ti. Usa las siguientes líneas para escribir tus respuestas, reflexiones y cualquier pensamiento que surja mientras trabajas en estas preguntas.

Mis creencias limitantes:_____

_____

_____

De dónde vienen:_____

_____

_____

Nueva perspectiva sobre mis desafíos:_____

_____

_____

Mi afirmación positiva:_____

_____

_____

Mis acciones concretas:_____

_____

_____

_____

Este ejercicio no solo es un momento de introspección; es un acto de empoderamiento. Cada pregunta que te haces y cada respuesta que escribes es un paso hacia la liberación de creencias que ya no te sirven. Recuerda que este proceso no consiste en mirar atrás con crítica, sino en observar tu camino con compasión y curiosidad. Cada pensamiento es una invitación a dirigir tu energía hacia la transformación.

Cada vez que eliges reflexionar y actuar desde una nueva perspectiva, estás elevando tu vibración y conectándote con tu esencia más auténtica. Este es el camino hacia una vida extraordinaria: un paso a la vez, un pensamiento a la vez, una creencia a la vez.

El poder está en tus manos. ¡Comienza ahora mismo!

Al llegar al final de este capítulo, te invito a reflexionar sobre lo que has descubierto. Has comenzado a desentrañar las creencias que han moldeado tu vida hasta ahora y, más importante, has aprendido que tienes el poder de transformarlas. Este proceso no se trata solo de cambiar lo que piensas, sino de reconectar con tu esencia, elevar tu vibración y alinear tu mente con la realidad que deseas crear.

Cuando hablamos de reprogramar la mente, no estamos hablando de un simple ejercicio mental; estamos hablando de una revolución interna. Cada creencia que eliges desafiar y transformar es un paso hacia una versión más auténtica y empoderada de ti mismo. Es un acto de amor propio, un compromiso con tu crecimiento y una declaración de que estás listo para tomar las riendas de tu vida.

Recuerda que este proceso no tiene que ser perfecto. Habrá días en los que tus creencias antiguas intenten regresar y situaciones en las que te sientas tentado a dudar de tu capacidad de cambio. Pero cada vez que te encuentres en ese lugar, regresa a lo que has aprendido aquí. Pregúntate: "¿Qué historia estoy eligiendo creer en este momento? ¿Es una historia que me libera o que me limita?"

Te invito a aplicar las herramientas de este capítulo durante la próxima semana. Dedica unos minutos al día a identificar una creencia limitante, desafiarla y reemplazarla por una afirmación que te empodere. Escribe tus reflexiones, incluso si son breves, y observa cómo tu perspectiva comienza a cambiar. Estas pequeñas acciones, repetidas con constancia, tienen el poder de transformar profundamente tu mente y, con ella, tu vida.

Termino este capítulo con una reflexión: ¿Qué pasaría si a partir de hoy, eligieras creer que todo es posible? ¿Qué pasaría si decidieras que no estás definido por tu pasado, sino por el potencial infinito de tu presente? La vida está llena de oportunidades esperando ser descubiertas, pero todo comienza con la decisión de abrirte a ellas.

El poder para crear tu realidad siempre ha estado dentro de ti. Ahora es el momento de tomarlo y usarlo para diseñar una vida extraordinaria. ¡Elige comenzar hoy mismo!

Ahora que has comenzado a reprogramar tu mente y a tomar conciencia de las creencias que moldean tu vida, es momento de activar un poder aún mayor: tu energía. Porque no solo somos lo que pensamos, también somos lo que sentimos, lo que emanamos al mundo. Todo en ti vibra, cada pensamiento y emoción crea una frecuencia que atrae experiencias a tu vida.

La próxima etapa de este viaje te llevará a explorar cómo tus pensamientos, emociones y acciones forman una sinfonía energética que puede alinearte con la abundancia, el amor y las infinitas posibilidades del universo. Descubrirás cómo elevar tu vibración no solo transforma lo que atraes, sino también cómo vives, cómo percibes y cómo te conectas con todo lo que te rodea.

Lo que viene a continuación es profundo, revelador y transformador: aprenderás a convertirte en un imán para la vida que sueñas. ¿Estás listo para sintonizarte con las frecuencias más altas y desbloquear el verdadero poder de tu energía? El capítulo que sigue puede cambiarlo todo.

Parte II - Eleva tu Vibración

Cierra los Ojos Para Despertar

Capítulo 4

Eleva tu Vibración

¿Alguna vez has notado cómo tus días parecen fluir con mayor facilidad cuando te sientes feliz y en paz? Es como si el universo conspira a tu favor: las personas son más amables, las oportunidades aparecen y los problemas se resuelven casi mágicamente. Pero, ¿qué sucede en esos días en los que te sientes frustrado, ansioso o atrapado en una espiral de pensamientos negativos? Todo parece un desafío, como si la vida estuviera en tu contra. La diferencia entre esos días no está en las circunstancias externas, sino en tu energía vibracional.

Tu vibración es como una emisora de radio que constantemente está enviando señales al universo. Cuando tu frecuencia está alineada con emociones positivas como gratitud, amor y esperanza, atraes experiencias que reflejan esa energía. Por el contrario, cuando tu vibración está dominada por el miedo, la duda o la tristeza, es probable que te encuentres con situaciones que refuercen esos estados. Esta conexión entre tus emociones, pensamientos y la realidad que experimentas es el eje central de este capítulo.

Voy a contarte una historia que ilustra este principio. Hace algunos años, estaba pasando por un período desafiante. Mi mente estaba constantemente enfocada en lo que estaba mal: las oportunidades que sentía que había perdido, las relaciones que no estaban funcionando y los sueños que parecían estar cada vez más lejos. Mi energía reflejaba esa narrativa interna, y, como resultado, parecía que todo a mi alrededor se estancaba.

Un día, decidí cambiar mi enfoque. En lugar de concentrarme en lo que no tenía, comencé a practicar un ejercicio sencillo: enumerar tres cosas por las que estaba agradecida cada mañana. Al principio, parecía un gesto trivial. Sin embargo, con el tiempo, noté que mi perspectiva comenzaba a cambiar. Mis pensamientos eran menos críticos y más compasivos, y mi energía comenzó a sentirse más ligera. A medida que esto sucedía, también noté que las cosas en mi vida empezaban a fluir: nuevas oportunidades llegaban, mis relaciones mejoraron y, sobre todo, me sentía más en paz.

Esta experiencia me llevó a comprender que nuestras emociones y pensamientos no solo afectan cómo nos sentimos internamente, sino que también moldean nuestra realidad externa. Al elevar nuestra vibración, no solo transformamos nuestro estado emocional, sino que también creamos un campo energético que atrae experiencias alineadas con esa frecuencia.

Entiende la energía que emites al mundo

Para elevar tu vibración, primero es importante reconocer que todos tenemos el poder de elegir cómo responder a las circunstancias de nuestra vida. Aunque no siempre podemos controlar lo que nos sucede, sí podemos controlar cómo reaccionamos. Esta elección consciente es el primer paso para tomar el control de tu vibración.

Segundo, es fundamental desarrollar una conciencia más profunda de tus pensamientos y emociones. Muchas veces, operamos en piloto automático, permitiendo que pensamientos negativos dominen nuestra mente sin siquiera darnos cuenta. La práctica de la atención plena, como observar tus pensamientos sin juzgarlos, puede ayudarte a identificar esos patrones y elegir conscientemente pensamientos que eleven tu energía.

Por último, conectar con emociones positivas como la gratitud, el amor y la alegría es una forma poderosa de elevar tu vibración. La gratitud, en particular, tiene una frecuencia energética alta que puede transformar rápidamente tu estado emocional. Cuando eliges enfocarte en lo que ya tienes en lugar de lo que te falta, estás enviando al universo una señal clara de abundancia y apertura.

Piensa en tu vibración como un imán. Si constantemente estás emitiendo una frecuencia de carencia o miedo, atraerás más de eso a tu vida. Pero si comienzas a emitir una frecuencia de amor, gratitud y posibilidad, el universo responderá con experiencias que reflejen esa energía. Esto no es magia; es un principio universal que muchos han comprobado en sus propias vidas.

Te dejo con una pregunta para reflexionar: ¿Qué podrías hacer hoy para elevar tu vibración? Puede ser algo tan simple como agradecer por el amanecer, escuchar una canción que te inspire o dedicar cinco minutos a respirar profundamente y centrarte en el momento presente. No subestimes el poder de estas pequeñas acciones. Son como ondas que, aunque parezcan insignificantes, tienen la capacidad de transformar todo a su paso.

La vibración que emites no solo afecta cómo te sientes, sino que también define lo que atraes. Al trabajar en tu energía, estás diseñando activamente una vida más alineada con tus sueños y deseos. En este capítulo, exploraremos herramientas prácticas que te ayudarán a elevar tu vibración y a mantenerla alta, incluso en momentos desafiantes. Porque la vida no se trata solo de reaccionar; se trata de crear, y esa creación comienza con la energía que eliges cultivar.

La vibración personal es una realidad tangible que influye profundamente en todos los aspectos de nuestra vida. La ciencia, la espiritualidad y la experiencia cotidiana coinciden en que nuestros pensamientos, emociones y acciones generan una energía que afecta tanto a nuestra percepción del mundo como a las respuestas que recibimos de él. Este capítulo te llevará a explorar cómo nuestras vibraciones funcionan como un lenguaje universal que comunica nuestras intenciones y deseos, y cómo podemos ajustar ese lenguaje para alinearnos con lo que queremos atraer.

Todo en el universo es energía. La física cuántica ha demostrado que incluso los objetos aparentemente sólidos están formados por partículas que vibran en diferentes frecuencias. Del mismo modo, nuestras emociones y pensamientos también tienen una frecuencia vibratoria. Emociones como el amor, la gratitud y la alegría resuenan en frecuencias altas, mientras que emociones como el miedo, la rabia y la tristeza vibran en frecuencias bajas.

Este concepto es fundamental porque tu vibración no solo afecta cómo te sientes, sino también cómo percibes y experimentas el mundo que te rodea. Si estás en una frecuencia alta, es más probable que atraigas situaciones, personas y oportunidades que reflejen esa energía. Por otro lado, si operas en frecuencias bajas, puedes encontrar más resistencia, conflictos y dificultades.

Cómo tus emociones y pensamientos afectan tu realidad

Tus pensamientos son como semillas, y tus emociones son el agua y la luz que les permiten crecer. Cuando tienes pensamientos positivos, como "Soy capaz de superar esto" o "Estoy agradecido por lo que tengo", generas emociones que elevan tu vibración. En contraste, los pensamientos negativos, como "Nada nunca sale bien para mí" o "Siempre estoy solo", generan emociones que disminuyen tu frecuencia.

Un aspecto importante que muchos pasan por alto es que no se trata de evitar las emociones negativas. Todas las emociones tienen un propósito y son una parte natural de la experiencia humana. Sin embargo, cuando te aferras a ellas o permites que dominen tu estado interno, tu vibración se ve afectada. Aprender a procesar estas emociones con compasión y liberarlas es esencial para mantener una vibración alta.

Lo que piensas y sientes crea un campo de energía a tu alrededor, y este campo influye en cómo interactúan contigo las personas, las situaciones y las circunstancias. Piensa en una vez que te sentiste realmente entusiasmado por algo: tu energía probablemente atrajo la atención positiva de los demás, y las cosas parecían fluir con facilidad. Ahora recuerda un momento en el que te sentiste estresado o derrotado: es probable que atrajeras más desafíos y que todo pareciera un esfuerzo.

Este principio también se relaciona con el concepto de resonancia. Las frecuencias similares tienden a atraerse entre sí. Si vibras en una frecuencia de amor y gratitud, atraerás más amor y gratitud a tu vida. Esto no significa que nunca experimentarás dificultades, pero te encontrarás mejor equipado para manejarlas y aprender de ellas.

Hay varios factores que pueden afectar tu frecuencia vibratoria. Algunos de ellos están bajo tu control directo, mientras que otros requieren un mayor grado de conciencia y esfuerzo para manejarlos. A continuación, exploramos algunos de los principales:

Tus pensamientos: Son el motor principal de tu vibración. Cultivar una mentalidad positiva no significa ignorar la realidad, sino elegir interpretaciones que te empoderen en lugar de limitarte.

Tu entorno: Las personas, lugares y cosas con las que te rodeas influyen en tu energía. Un entorno caótico o negativo puede reducir tu vibración, mientras que un espacio organizado y armonioso puede elevarla.

Tu salud física: Cuidar de tu cuerpo con alimentación saludable, ejercicio y descanso adecuado también afecta tu energía. Un cuerpo equilibrado genera una mente más clara y positiva.

Tu espiritualidad: Conectar con algo más grande que tú mismo, ya sea a través de la meditación, la oración o la contemplación, puede elevar significativamente tu vibración.

Herramientas para Elevar tu Vibración

Gratitud consciente: Dedica tiempo cada día para reconocer las cosas por las que estás agradecido. Escribe una lista o simplemente medita en esos aspectos.

Respiración profunda: Practicar la respiración consciente te ayuda a centrarte y liberar tensión acumulada.

Visualización creativa: Imagina la versión más elevada de ti mismo y sellala con emociones positivas.

Actos de bondad: Ayudar a los demás genera una energía que no solo beneficia a los otros, sino también eleva tu propia vibración.

Tu vibración no solo define cómo te sientes, sino también cómo interactúas con el mundo. Es el puente que conecta tus pensamientos y emociones con la realidad que experimentas. Comprender y trabajar en tu vibración es un recordatorio constante de que tienes el poder de moldear tu vida desde adentro hacia afuera.

Cuando cultivas una vibración alta, te alineas con frecuencias que reflejan amor, gratitud y abundancia. Esto no significa que nunca enfrentarás desafíos, pero sí que podrás navegar por ellos con mayor resiliencia y claridad. La vibración elevada no elimina los problemas; transforma tu perspectiva frente a ellos.

La gratitud es uno de los pilares fundamentales para mantener una vibración alta. Más que un simple ejercicio mental, la gratitud es un estado de ser. Cuando eliges agradecer, estás re entrenando tu mente para enfocarse en lo que tienes en lugar de lo que falta. Este cambio de enfoque activa regiones del cerebro asociadas con la felicidad y reduce el impacto de las emociones negativas.

Imagina la gratitud como un faro en medio de la oscuridad. No importa cuán difíciles sean tus circunstancias, siempre hay algo por lo que agradecer: la calidez del sol en tu piel, una sonrisa que te ofrecieron sin esperar nada a cambio, o incluso la lección que surge de un momento desafiante. Estos destellos de luz son recordatorios de que la abundancia está presente, incluso cuando parece escasa.

La práctica consciente de la gratitud tiene efectos tangibles en tu vibración. Cada vez que agradeces, estás enviando un mensaje claro al universo: "Estoy abierto a recibir más de esto". Es como sintonizar una emisora de radio; al enfocarte en la frecuencia de la gratitud, comienzas a atraer experiencias que resuenan con esa misma energía.

Puedes profundizar en tu práctica de gratitud con ejercicios diarios. Dedica unos minutos cada mañana a escribir tres cosas por las que estás agradecido. Pero no te detengas ahí: tómate un momento para sentir realmente esa gratitud. Deja que impregne tu mente y tu cuerpo. Este simple ejercicio no sólo eleva tu vibración, sino que también fortalece tu conexión con el presente.

Además, practicar la gratitud activa hacia los demás amplifica sus beneficios. Expresar verbalmente tu agradecimiento a alguien genera una conexión más profunda y fomenta un intercambio positivo de energía. Este acto puede ser tan simple como decir: "Gracias por escucharme" o "Aprecio mucho lo que hiciste por mí". Estos pequeños gestos tienen el poder de transformar relaciones y crear un ciclo de energía positiva.

Finalmente, la gratitud nos ayuda a ver los desafíos desde una perspectiva diferente. En lugar de preguntarte "¿Por qué me sucede esto?", pregúntate "¿Qué puedo aprender de esta experiencia?". Este cambio de mentalidad no sólo eleva tu vibración, sino que también te empodera para enfrentar las dificultades con confianza y claridad.

En última instancia, la gratitud es más que una herramienta, es una elección de vida. Es una forma de reconocer que, a pesar de los desafíos, siempre hay algo valioso en nuestra experiencia. Al practicarla, estás reclamando tu poder de transformar tu energía, atraer abundancia y vivir en alineación con tu esencia más elevada.

El poder de tu vibración radica en su capacidad de transformar no solo cómo te sientes, sino cómo vives. Al trabajar en ella, estás reclamando tu poder y diseñando una vida que resuene con tus sueños y aspiraciones más profundos.

La transformación vibracional es una realidad vivida por muchas personas que han cambiado sus vidas al cambiar su energía. A continuación, exploramos dos historias reales de superación y alineación energética que demuestran cómo ajustar la vibración puede transformar profundamente una realidad desafiante.

Isaac Tigrett y la Transformación Espiritual que Dio Vida al Hard Rock Café

Isaac Tigrett, cofundador del icónico Hard Rock Café, es un ejemplo viviente de cómo una visión clara y una vibración elevada pueden transformar no solo una carrera, sino también una vida entera. Nacido en Jackson, Tennessee, en 1948, Tigrett creció en una familia acomodada, pero desde joven sintió una profunda atracción por la espiritualidad y la cultura oriental.

En 1971, junto con Peter Morton, Tigrett inauguró el primer Hard Rock Café en Londres, combinando música rock, memorabilia y cocina americana en un ambiente único. El éxito fue inmediato, y el concepto se expandió globalmente, convirtiéndose en la primera cadena de restaurantes temáticos del mundo.

Sin embargo, más allá de su éxito empresarial, la vida de Tigrett dio un giro significativo cuando conoció al gurú indio

Sathya Sai Baba en 1974. Este encuentro profundizó su búsqueda espiritual y lo llevó a estudiar conceptos místicos védicos bajo la guía de Sai Baba.

Inspirado por las enseñanzas de Sai Baba, Tigrett adoptó el lema "Love All – Serve All" (Ama a todos, sirve a todos) como principio rector del Hard Rock Café, reflejando su compromiso con la igualdad y el servicio desinteresado.

En 1992, Tigrett fundó la cadena House of Blues, promoviendo la música afroamericana y fomentando la armonía racial. Además, a través de su Rama Foundation, financió y construyó el Sri Sathya Sai Institute of Higher Medical Sciences en Andhra Pradesh, India, un hospital de especialidades que ha brindado atención médica gratuita a millones de pacientes.

La historia de Isaac Tigrett nos muestra cómo la conexión con una guía espiritual y la elevación de nuestra vibración pueden transformar nuestra vida y la de quienes nos rodean. Al integrar principios espirituales en sus emprendimientos, Tigrett no solo alcanzó el éxito empresarial, sino que también dejó un legado de servicio y amor al prójimo. ¿Cómo puedes tú elevar tu vibración y aplicar principios de amor y servicio en tu vida diaria?

Brené Brown y la Vulnerabilidad como Fuente de Fuerza

Brené Brown, investigadora y autora reconocida, dedicó gran parte de su vida a estudiar las emociones humanas, especialmente la vulnerabilidad y la conexión. Sin embargo, lo que muchos no saben es que su viaje hacia el éxito comenzó con una profunda crisis personal. En sus propias palabras, Brené describe cómo evitaba enfrentar sus propias emociones vulnerables y cómo ese bloqueo emocional impactaba su vida y sus relaciones.

En un momento crucial de su carrera, mientras preparaba una de sus primeras charlas TED, Brené sintió que su mensaje sobre la vulnerabilidad podría no ser bien recibido. Tenía miedo de exponerse y de compartir sus propias luchas internas. Sin embargo, en lugar de sucumbir a esos miedos, eligió enfrentar su incomodidad y elevar su vibración a través de la autenticidad.

Cuando finalmente dio su charla, El Poder de la Vulnerabilidad, no solo conectó profundamente con la audiencia, sino que también transformó su carrera. La charla se convirtió en una de las más vistas de TED, con más de 60 millones de reproducciones, y cambió la manera en que el mundo veía la vulnerabilidad. Brené se dio cuenta de que, al aceptar y abrazar sus emociones en lugar de reprimirlas, no solo elevaba su propia vibración, sino que también inspiraba a otros a hacer lo mismo.

Hoy, Brené es una de las voces más influyentes en temas de liderazgo, conexión humana y autenticidad. Su capacidad para transformar su miedo en poder y su vulnerabilidad en fortaleza es un testimonio de lo que sucede cuando elevamos nuestra vibración al aceptar quiénes somos, sin juicios.

La historia de Brené nos enseña que, a menudo, nuestras emociones más incómodas contienen las claves para nuestra transformación. Al enfrentarlas y trabajar con ellas, en lugar de contra ellas, podemos elevar nuestra vibración y encontrar nuevas formas de conectar con los demás y con nosotros mismos. ¿Qué emoción has estado evitando enfrentar? ¿Cómo podrías usar esa emoción como un catalizador para tu crecimiento?

Tanto Isaac Tigrett como Brené Brown enfrentaron momentos en los que sus miedos y desafíos podían haberlos detenido. Sin embargo, ambos eligieron mantener su energía en una vibración elevada, sostenidos por una visión clara y una confianza inquebrantable en lo que estaban creando.

Tú también tienes la capacidad de escribir tu propia historia de éxito. Piensa en las emociones, pensamientos y acciones que están moldeando tu vibración actual. ¿Están alineadas con lo que deseas crear? Recuerda que, cuando eliges vivir desde una frecuencia de gratitud, amor y confianza, no solo cambias tu energía, sino también la forma en que el universo te responde.

Piensa en un momento de tu vida en el que te hayas sentido estancado o atrapado por tus miedos. Tal vez fue un conflicto en una relación, una meta que parecía inalcanzable o una sensación de vacío que no sabías cómo llenar. ¿Cómo te enfrentaste a esa situación? ¿Qué pensamientos dominaban tu mente en ese momento? Es posible que, sin darte cuenta, esos pensamientos hayan reforzado las mismas circunstancias que querías cambiar.

Ahora, imagina qué habría pasado si hubieras elegido un pensamiento diferente. ¿Qué habría cambiado si en lugar de enfocarte en lo que te faltaba, hubieras agradecido lo que ya tenías? ¿Y si, en lugar de rendirte ante el miedo, hubieras dado un pequeño paso hacia tu meta, confiando en que el camino se aclararía?

Lo que Isaac y Brené nos enseñan es que no es necesario tener todas las respuestas de inmediato. El primer paso es reconocer que tienes el poder de cambiar tu perspectiva, y con ella, tu energía. Comienza con algo pequeño: dedica un momento cada día para agradecer por algo, visualiza una versión de ti mismo que viva con plenitud o simplemente toma una acción que te acerque a tus sueños, por pequeña que parezca.

Estas historias son reflejos de lo que todos podemos lograr cuando decidimos elevar nuestra vibración. Tal vez hoy te encuentres en un punto bajo, pero recuerda que el cambio es posible. El poder de transformar tu vida no está en las circunstancias externas, sino en cómo eliges reaccionar a ellas. La gratitud y la acción consciente son tus aliadas para redescubrir tu fuerza interior y diseñar la vida que mereces.

Entonces, pregúntate: ¿Qué pequeño cambio podrías hacer hoy para elevar tu energía? Puede ser un pensamiento positivo, un gesto de amabilidad o un momento de pausa para agradecer. Cada elección que hagas es un paso hacia la vida que realmente deseas. Tú tienes el poder de convertirte en el creador de tu realidad.

Ejercicio práctico: Diario vibracional para un cambio energético

Elevar tu vibración es el resultado de prácticas intencionadas que te permiten sintonizar con frecuencias más altas de energía. En este punto, exploraremos una herramienta poderosa para ayudarte a lograrlo: el *Proceso de Recalibración Vibracional (PRV)*. Este ejercicio está diseñado para que lo pongas en práctica en cualquier momento y lugar, ayudándote a transformar tu energía de manera consciente y efectiva.

Paso 1: Reconoce tu Estado Actual

El primer paso para elevar tu vibración es tomar conciencia de dónde estás. Muchas veces, pasamos el día atrapados en pensamientos y emociones negativas sin darnos cuenta del impacto que tienen en nuestra energía. Antes de cambiar, necesitas reconocer lo que estás sintiendo y el por qué.

Ejercicio:

Haz una pausa durante el día y cierra los ojos. Respira profundamente tres veces para centrarte.

Pregúntate: "¿Cómo me siento ahora mismo?" y "¿De dónde provienen estas emociones?".

Identifica las emociones presentes. ¿Te sientes frustrado, ansioso, agotado o tal vez en calma y feliz? Nombra esas emociones sin juzgarlas, simplemente aceptalas como parte de tu experiencia actual.

Observa cómo se siente tu cuerpo. ¿Sientes tensión en los hombros, la respiración acelerada o tal vez pesadez en el pecho? Tu cuerpo es un indicador clave de tu estado vibracional y puede revelar mucho sobre lo que está sucediendo a nivel interno.

Reconocer tu estado es como encender una linterna en un cuarto oscuro; te permite ver claramente dónde estás para decidir a dónde quieres ir. Al hacerlo, estás tomando el control de tu energía en lugar de dejar que las emociones negativas dominen tu día.

Paso 2: Cambia tu Foco con la Gratitud

La gratitud es una de las formas más rápidas y efectivas de cambiar tu vibración. Cuando agradeces, redireccionas tu atención hacia lo positivo, incluso en medio de los desafíos. Este cambio de enfoque eleva tu frecuencia instantáneamente y te conecta con la abundancia que ya existe en tu vida.

Ejercicio:

Toma un momento para identificar tres cosas por las que estás agradecido en este preciso instante. Pueden ser tan simples como la comodidad de tu silla, una conversación significativa que tuviste hoy o incluso el hecho de tener este libro en tus manos.

Escríbelas en un diario o simplemente repítelas en voz alta. Si puedes, describe cada una con detalle para intensificar la conexión emocional. Por ejemplo, en lugar de decir "Estoy agradecido por mi familia", podrías decir: "Estoy agradecido por la paciencia y apoyo que mi familia me brinda cada día".

Ahora, cierra los ojos y siente esa gratitud en tu corazón. Deja que esa emoción se expanda dentro de ti. Visualiza cómo tu energía cambia y se ilumina con cada pensamiento agradecido.

Repetir este ejercicio diariamente no sólo eleva tu vibración, sino que también entrena tu mente para buscar lo positivo de manera automática, lo que crea un ciclo continuo de energía positiva.

Paso 3: Activa tu Energía con el Movimiento

El movimiento físico es una herramienta poderosa para liberar energía estancada y elevar tu frecuencia. Cuando te mueves, generas un flujo de energía que puede transformar tu estado vibracional al instante. Este paso no solo beneficia tu cuerpo, sino que también revitaliza tu mente y espíritu.

Ejercicio:

Levántate y realiza movimientos conscientes durante cinco minutos. Esto puede incluir estiramientos suaves, bailar tu canción favorita o simplemente caminar mientras respiras profundamente.

Mientras te mueves, enfócate en el placer del movimiento. Imagina que cada paso o movimiento está liberando energía negativa y reemplazandola con luz. Visualiza cómo esa luz fluye a través de ti, limpiando cualquier bloqueo emocional.

Si prefieres un enfoque más estructurado, intenta practicar yoga o Tai chi. Estas disciplinas combinan movimiento con respiración consciente, lo que potencia su efecto vibracional.

Incorporar el movimiento a tu rutina diaria, aunque sea en pequeñas dosis, te ayudará a mantener tu energía fluyendo y a evitar la acumulación de tensiones que bajen tu vibración.

Paso 4: Visualiza tu Vibración Elevada

La visualización es una herramienta poderosa para crear una realidad interna que luego se refleja en tu mundo externo. Al imaginarte en un estado vibracional alto, estás entrenando tu mente y tu energía para alinearse con esa frecuencia. Este paso no sólo eleva tu vibración, sino que también fortalece tu capacidad para manifestar lo que deseas.

Ejercicio:

Encuentra un lugar tranquilo y cierra los ojos. Respira profundamente varias veces para centrarte.

Imagina que estás rodeado por una luz brillante que representa tu energía más elevada. Visualiza cómo esta luz te envuelve y se expande, transformando todo a su alrededor.

Piensa en una situación que te gustaría mejorar y visualízala desde esta vibración elevada. ¿Cómo se siente? ¿Qué emociones experimentas? ¿Cómo actúas? ¿Qué resultados comienzas a observar?

Añade detalles sensoriales a tu visualización. Por ejemplo, si te imaginas en un trabajo ideal, siente la satisfacción de lograr tus objetivos, escucha las palabras de reconocimiento de tus colegas y observa cómo fluye todo con facilidad.

Repite esta práctica regularmente para fortalecer la conexión entre tu vibración interna y las experiencias externas que deseas atraer. La clave está en sentir que ya estás viviendo esa realidad mientras la visualizas.

El Proceso de Recalibración Vibracional puede integrarse fácilmente en tu vida cotidiana. Aquí hay algunas formas de hacerlo:

Al despertar: Dedica cinco minutos a agradecer y visualizar cómo quieres que sea tu día.

Durante el día: Haz pausas conscientes para revisar tu estado vibracional, y si es necesario, haz un ejercicio de gratitud o movimiento.

Antes de dormir: Reflexiona sobre las cosas positivas que sucedieron en tu día y siéntete agradecido por ellas.

La clave para que esta herramienta sea efectiva es la consistencia. Al repetir estos pasos, estarás entrenando tu mente y tu cuerpo para operar desde una frecuencia más alta de manera natural.

Elevar tu vibración no es un objetivo reservado para ciertos momentos especiales. Es una práctica que puedes cultivar a diario, un compromiso contigo mismo para crear una vida más alineada con tus deseos y valores.

Recuerda que no importa cuán bajo sientas tu estado actual, siempre tienes el poder de recalibrar tu energía. Cada paso que tomas, por pequeño que parezca, es un acto de amor propio y una declaración de que estás listo para vivir en una vibración más alta. Este proceso es tu aliado para convertirte en el creador consciente de tu realidad.

Elevar tu vibración no es solo un acto de voluntad, sino un proceso continuo de introspección y ajuste consciente. Este apartado te invita a reflexionar profundamente sobre tu estado vibracional actual y cómo tus pensamientos, emociones y acciones están influyendo en la realidad que experimentas. Las siguientes preguntas están diseñadas para guiarte en ese proceso de autodescubrimiento y para ayudarte a identificar áreas clave donde puedes hacer cambios positivos.

La energía que emites al mundo no solo afecta tus experiencias, sino que también determina cómo los demás interactúan contigo. Antes de continuar, tómate un momento para evaluar:

¿Cómo te sientes la mayor parte del tiempo? ¿Estás vibrando en frecuencias altas como la gratitud, el amor y la alegría, o bajas como la frustración, el miedo o la tristeza?

Piensa en un día típico. ¿Qué pensamientos predominan en tu mente? ¿Son pensamientos que te empoderan o te limitan?

¿Cómo afectan tus emociones tus decisiones diarias? Por ejemplo, cuando te sientes estresado, ¿reaccionas impulsivamente o logras mantener la calma y actúas desde la conciencia?

El propósito de responder a estas preguntas no es juzgarte, sino observar con claridad dónde estás y qué ajustes podrías hacer para elevar tu vibración.

La introspección es una herramienta poderosa para identificar patrones y creencias que afectan tu energía. Dedica tiempo a reflexionar sobre estas preguntas, y si puedes, escribe tus respuestas en un papel:

¿Qué creencias tienes sobre ti mismo que podrían estar limitando tu potencial? Por ejemplo, ¿hay alguna voz interna que dice: "No soy lo suficientemente bueno" o "No merezco ser feliz"?

Piensa en una situación desafiante reciente. ¿Cómo podrías haberla visto desde una perspectiva diferente, más elevada?

¿Qué personas, lugares o hábitos en tu vida actual elevan tu vibración? y ¿Cuáles la disminuyen?

¿Qué prácticas te ayudan a sentirte en calma y alineado? ¿Cómo puedes incorporarlas más a menudo en tu día a día?

Si tu vida actual refleja perfectamente tu vibración interna, ¿qué aspectos de ella te estarían mostrando áreas para mejorar?

Escribir tus respuestas no solo te ayudará a organizar tus pensamientos, sino que también te permitirá ver patrones que podrías no haber notado de otra manera.

Espacio Interactivo

Para ayudarte a aplicar estas reflexiones, aquí tienes un espacio para escribir tus respuestas. Si no tienes un cuaderno a la mano, utiliza este libro como tu herramienta de transformación y escribe directamente aquí:

- Una creencia que quiero transformar es:

_____

_____

_____

- Una situación reciente que puedo re-interpretar es:

_____

_____

_____

- Las personas, lugares o actividades que elevan mi vibración son:

_____

_____

_____

- Mi compromiso para incorporar prácticas que eleven mi vibración es:

_____

_____

_____

A medida que reflexionas sobre estas preguntas, recuerda que el objetivo no es alcanzar la perfección, sino cultivar una mayor conciencia de ti mismo. Elevar tu vibración es un viaje que se construye con pequeños pasos diarios. Cada reflexión, cada respuesta y cada acción intencionada son ladrillos que estás colocando en el camino hacia una vida más alineada con tus deseos y tu esencia.

Invítate a regresar a estas preguntas regularmente. Úsalas como un mapa para navegar los desafíos y como un recordatorio de que tienes el poder de cambiar tu energía en cualquier momento. Al reflexionar con honestidad y actuar con intención, estás fortaleciendo tu conexión contigo mismo y con el universo que responde a tu vibración.

Tu energía es tu mayor recurso, y estas reflexiones son el comienzo para desbloquear todo el potencial que yace en tu interior. Ahora es tu turno de tomar las riendas y diseñar la vibración que quieres emitir al mundo.

En resumen, elevar tu vibración es mucho más que una práctica: es una forma de honrar tu poder como creador consciente de tu vida. Este capítulo te ha revelado cómo tus pensamientos, emociones y acciones están intrínsecamente conectados con la energía que emites, y cómo esa energía moldea la realidad que experimentas. Has aprendido que, al elegir vibrar en frecuencias altas como el amor, la gratitud y la alegría, no solo transformas tu estado interno, sino también atraes experiencias que resuenan con esa energía.

Este proceso no implica negar los momentos difíciles, sino enfrentarlos con valentía y compasión. Cada emoción que sientes es una invitación a observarte, a aprender y recalibrar tu vibración hacia un estado que te empodere. Elevar tu vibración no es un destino, es un viaje continuo que se construye con pequeños actos de intención diaria. Es en esos actos donde reside tu mayor poder.

"Tu vibración es la clave para atraer la vida que deseas. Elige tu vibración sabiamente."

Reflexión: Conviértete en un imán para lo positivo

Este es tu momento para transformar lo aprendido en acción. Durante la próxima semana, comprométete a realizar el ejercicio de escaneo emocional cada mañana. Este ejercicio no solo te ayudará a tomar conciencia de tu vibración, sino que también te permitirá ajustarla conscientemente para alinearte con tus metas y deseos.

Comienza el día en calma: Al despertar, siéntate en un lugar tranquilo y cierra los ojos. Respira profundamente tres veces para conectar contigo mismo.

Reconoce tu estado interno: Pregúntate: "¿Cómo me siento en este momento?" Identifica las emociones presentes sin juzgarlas. Permítete sentirlas plenamente.

Ajusta tu energía: Si identificas emociones negativas, pregúntate: "¿Qué pensamiento o acción puedo elegir para cambiar esta energía?" Tal vez, sea recordar un momento de gratitud o visualizar algo que deseas atraer.

Finaliza con gratitud: Antes de levantarte, agradece por tres cosas que valoras en tu vida. Siente esa gratitud como una energía que se expande desde tu corazón hacia todo tu ser.

Haz de este ejercicio una práctica diaria y observa los cambios en tu energía y en las experiencias que comienzas a atraer. Lleva un registro en un diario para notar cómo pequeñas acciones generan grandes transformaciones.

Cada elección que haces, cada pensamiento que alimentas y cada emoción que cultivas, están creando la vida que vives. Este es tu momento para elegir sabiamente, actuar con intención y elevar tu vibración para construir una realidad extraordinaria. Confía en tu poder y comienza hoy.

Has aprendido cómo elevar tu vibración puede transformar radicalmente tu experiencia de vida, abriendo puertas que antes parecían inalcanzables. Pero hay una conexión aún más profunda y poderosa que está esperando por ti: la conexión con la fuente creadora, ese lugar de infinito potencial del que todo surge.

Imagina por un momento lo que sería vivir en sintonía con esa energía universal que guía, sostiene y nutre todo lo que existe. En el próximo capítulo, te adentrarás en un viaje hacia el núcleo de tu esencia, hacia esa chispa divina que siempre ha estado en ti. Descubrirás cómo alinearte con esta fuente, desbloqueando un flujo de claridad, propósito y abundancia que transformará la forma en que creas tu realidad.

¿Estás listo para cruzar ese umbral y sentir lo que significa estar conectado con la fuerza infinita que te ha dado la vida? Lo que viene a continuación no es solo revelador; es el despertar que estabas buscando.

Capítulo 5

Conecta con tu Fuente Creadora

Conectar con tu fuente creadora es mucho más que un concepto espiritual; es el acceso directo a tu esencia más auténtica, el núcleo de tu ser donde reside todo tu potencial. Es el puente entre lo que eres ahora y lo que estás destinado a ser. Sin embargo, en el ajetreo de la vida cotidiana, muchas veces ignoramos esta conexión profunda, olvidando que dentro de nosotros está la clave para transformar cualquier aspecto de nuestra realidad.

Piensa en el universo como un océano infinito de energía creativa. Cada pensamiento, emoción y acción que emites es como una ola que regresa a ti amplificada. Cuando te alineas con esta energía, entras en un flujo en el que las oportunidades parecen surgir sin esfuerzo y las respuestas que buscabas aparecen con claridad. Pero, ¿qué sucede cuando pierdes esta conexión? La vida puede sentirse pesada, como remar contra la corriente en un río imparable.

Cada vez que me he sentido desconectada o perdida sin saber qué rumbo tomar y me dejo llevar nuevamente por la reactividad, me encuentro en un ciclo de esfuerzo sin sentido que me lleva un callejón sin salida, y mi mente se llena de dudas y temores, que inevitablemente me llevan a conectar con "esa que un día fui". Me tomo un tiempo para reflexionar, para aplicar todas las herramientas que estoy compartiendote en este libro, para hacer mis ejercicios, hacerlos un hábito y retomar mi camino. Así que si sientes que vuelves a tus viejos patrones de pensamiento y comportamiento, y te sientas perdido, solo haz una pausa, y

99

no busques afuera. Pregúntate "¿Qué necesito en este momento?" La respuesta puede no llegar como una voz clara, sino como una sensación de calma que te llene por completo. Porque la conexión con la fuente no se trata de buscar soluciones rápidas, sino de crear espacio para que la claridad emerja. Recuerda que la respuesta SIEMPRE está dentro de ti.

Pregúntate ahora "¿Cuándo fue la última vez que te diste permiso de escuchar lo que tu yo interior tiene para decirte? ¿Y qué sucedería si eligieras confiar en esa voz, incluso si el ruido exterior te distrae?"

"Tu fuente creadora es como una llama eterna dentro de ti. Solo necesita que la alimentes con tu atención y confianza para iluminar tu camino."

Conectar con tu fuente creadora es un compromiso continuo contigo mismo. Requiere aquietar el ruido del mundo exterior y redirigir tu enfoque hacia tu interior. En un mundo lleno de distracciones constantes, este acto puede parecer desafiante, pero es precisamente en esos momentos de caos cuando más necesitas regresar a tu centro.

El universo siempre está en comunicación contigo, ya sea a través de una intuición repentina, una coincidencia significativa o un sentimiento que no puedes ignorar. Estas señales son recordatorios de que nunca estás solo y que siempre estás respaldado por una fuerza más grande. Sin embargo, para reconocerlas necesitas estar presente y abierto.

Hace algunos años, un amigo llamado Diego, que trabajaba en un ambiente corporativo demandante, se encontraba constantemente agotado y sin dirección. Aunque tenía un buen salario y una vida materialmente estable, sentía un vacío inexplicable. Un día, en un viaje a las montañas, se dio cuenta de que había pasado años persiguiendo objetivos impuestos por otros y olvidando lo que realmente deseaba. Inspirado por el silencio de la naturaleza, decidió comenzar un ritual diario de reflexión y meditación.

En pocas semanas, Diego descubrió que su verdadera pasión era enseñar y conectar con otros de manera significativa. Aunque dejar su empleo le causaba temor, confió en esa voz interna. Hoy, Diego se dedica a dar talleres de liderazgo consciente, impactando la vida de cientos de personas. Su historia nos muestra que, cuando te permites escuchar, tu fuente creadora puede revelar caminos que nunca habías imaginado.

A medida que avanzas en este capítulo, te invito a que te preguntes: "¿Qué es lo que realmente me mueve? ¿Cómo puedo abrirme a escuchar mi intuición y confiar en ella?"

La conexión con tu fuente creadora no requiere rituales complejos ni lugares especiales; solo necesita tu disposición para detenerte, respirar y recordar que dentro de ti está todo lo que necesitas para crear una vida extraordinaria.

Conectar con tu fuente creadora es un acto de profundo reconocimiento de quién eres realmente. No es un ejercicio de autoayuda ni una búsqueda externa, sino un viaje hacia tu interior, donde reside la chispa divina que te conecta con el universo y con el flujo interminable de energía creativa. Este capítulo profundiza en cómo funciona esta conexión, por qué es esencial para manifestar la vida que deseas y cómo puedes cultivarla de manera práctica y constante.

La fuente creadora no es algo fuera de ti; es una parte intrínseca de tu ser. Piensa en ella como un canal de energía infinita que fluye constantemente, una energía que no distingue entre grande o pequeño, entre posible o imposible. Es el núcleo desde donde surgen tus ideas, tu intuición y tu capacidad para crear.

Conectar con esta fuente implica reconocer que eres parte de un universo dinámico, en constante expansión. Cada pensamiento que tienes y cada emoción que sientes son manifestaciones de esta energía creadora. Es un recordatorio de que tienes el poder de influir en tu realidad al alinearte con esta fuerza.

Cuando te conectas con esta fuente, no solo estás accediendo a tu poder personal, sino que también estás sintonizando con algo más grande que tú mismo: el universo, la energía colectiva de la creación. Esta conexión te permite actuar desde un estado de certeza y confianza, eliminando las dudas y los miedos que a menudo limitan tu potencial.

En algún momento de nuestras vidas, la mayoría de nosotros perdemos la conexión con nuestra fuente creadora. Las exigencias del mundo moderno, las creencias limitantes inculcadas desde la infancia y el ruido constante de la sociedad nos llevan a enfocarnos únicamente en el exterior. Nos enseñan que debemos buscar validación, éxito y felicidad fuera de nosotros mismos, olvidando que todo lo que necesitamos ya está dentro.

El ego juega un papel fundamental en esta desconexión. El ego es esa voz interna que busca protegernos, pero que a menudo opera desde el miedo, la inseguridad y la necesidad de controlar. Cuando el ego domina, nos lleva a identificar nuestro valor con logros externos, a compararnos con los demás y a temer el fracaso. Este enfoque nos aleja de la calma y la claridad que ofrece la conexión con nuestra fuente.

Por ejemplo, el ego puede hacerte creer que necesitas alcanzar un objetivo específico para sentirte completo o digno. Pero cuando operas desde tu fuente creadora, entiendes que ya estás completo y que las metas externas son simplemente una extensión de tu energía interna.

Reconocer la presencia de tu fuente creadora comienza con la conciencia. Este proceso implica observar los momentos en los que te sientes alineado, inspirado o en paz. Estos momentos son indicios de que estás en sintonía con tu esencia.

Piensa en un momento en el que tuviste una idea brillante o tomaste una decisión desde la intuición y todo fluyó sin esfuerzo. Ese es tu acceso a la fuente creadora. La clave es aprender a reconocer esos destellos y cultivarlos para que se conviertan en un estado habitual de tu vida.

Además, presta atención a las señales externas. A menudo, el universo se comunica a través de sincronicidades, coincidencias significativas y sensaciones inexplicables. Estas señales son recordatorios de que estás en el camino correcto y de que tu fuente creadora está activa.

Herramientas para Cultivar la Conexión con tu Fuente Creadora

1. Meditación Consciente: La meditación es una de las herramientas más poderosas para calmar la mente y sintonizarte con tu interior. Dedica 10 minutos al día a sentarte en silencio, enfocándote en tu respiración y permitiendo que tus pensamientos se disuelvan. En ese espacio de quietud, puedes escuchar los susurros de tu intuición.

2. Visualización Creativa: Imagina la vida que deseas como si ya estuviera ocurriendo. Siente las emociones que experimentarías y visualiza los detalles. Esta práctica no sólo eleva tu vibración, sino que también fortalece tu conexión con la fuente creadora, alineándote con tus deseos.

3. Escribir con Intención: Escribir sobre tus sueños, tus metas y tus emociones te ayuda a clarificar tu mente y a abrir el canal de comunicación con tu fuente. Pregúntate: "¿Qué quiero crear?" y permite que las respuestas fluyan sin censura.

4. Gratitud Profunda: La gratitud es una energía que amplifica tu conexión con la creación. Agradece no solo por lo que tienes, sino también por lo que está por venir. Este acto te alinea con la abundancia del universo.

La Intuición como Voz de la Fuente

Tu intuición es el lenguaje a través del cual tu fuente creadora se comunica contigo. Es esa voz interna que te guía, incluso cuando no parece lógica. Aprender a escuchar y confiar en tu intuición es esencial para fortalecer esta conexión.

Por ejemplo, imagina que estás enfrentando una decisión importante y sientes un ligero empuje hacia una de las opciones, aunque no tenga sentido en el papel. Seguir esa intuición puede abrir puertas que tu mente consciente nunca habría considerado. Practicar pequeños actos de confianza en tu intuición te ayuda a desarrollar esta habilidad con el tiempo.

El Papel del Ego en la Conexión con la Fuente

El ego, aunque necesario en ciertos aspectos, puede ser uno de los mayores obstáculos para conectarte con tu fuente creadora. Mientras que la fuente opera desde el amor y la abundancia, el ego a menudo opera desde el miedo y la escasez.

El ego te susurra que no eres suficiente, que necesitas demostrar tu valor o que debes controlar cada aspecto de tu vida para evitar el fracaso. Estas creencias limitantes crean una barrera que bloquea tu acceso a la claridad y la inspiración de tu fuente. Para superar esto, es esencial observar cuándo estás operando desde el ego y cuándo estás actuando desde tu esencia.

Rompiendo barreras: Más allá del ego y la desconexión

Una práctica útil es preguntarte: "¿Esta decisión surge desde el miedo o desde el amor? ¿Desde la necesidad de aprobación o desde mi propósito genuino?" Este simple cuestionamiento puede ayudarte a redirigir tu enfoque hacia lo que realmente importa.

Cuando te conectas con tu fuente creadora, descubres una paz que no depende de circunstancias externas. Este estado de serenidad viene de saber que formas parte de algo más grande, que estás respaldado por una energía infinita que siempre está disponible para ti. Esta paz interior es el terreno fértil donde crecen tus ideas, tus relaciones y tus logros.

Conectar con tu fuente creadora no significa que nunca enfrentarás desafíos o momentos de duda. Lo que cambia es cómo los enfrentas. Desde esta conexión, cada obstáculo se convierte en una oportunidad de crecimiento, y cada momento difícil se transforma en una lección que fortalece tu espíritu.

La fuente creadora es inagotable, y cuanto más te conectas con ella, más claridad, energía y propósito sentirás en tu vida. Este capítulo no solo es una invitación a reconectar con tu esencia, sino también un recordatorio de que tienes dentro de ti todo lo necesario para crear una realidad extraordinaria.

Conectar con la fuente creadora no solo transforma vidas, sino que también abre caminos que parecían imposibles. Este capítulo recoge dos historias profundamente inspiradoras de figuras conocidas que demostraron el poder de alinearse con su esencia.

El Dr. Steven Gundry: Redefiniendo el Propósito de la Medicina

El Dr. Steven Gundry es un renombrado cirujano cardíaco que, en un momento clave de su carrera, decidió dar un giro radical a su enfoque médico. Durante años, había sido uno de los principales cirujanos en su campo, realizando procedimientos innovadores y salvando innumerables vidas. Sin embargo, un encuentro con un paciente lo llevó a cuestionar su enfoque tradicional.

Ese paciente, a quien Gundry llamó cariñosamente "Big Ed", llegó a su consulta con bloqueos arteriales severos que lo hacían candidato para una cirugía de alto riesgo. Big Ed, sin embargo, había hecho cambios drásticos en su dieta y estilo de vida, logrando reducir significativamente los bloqueos por su cuenta. Este caso despertó una chispa en el Dr. Gundry, llevándolo a reflexionar sobre cómo el enfoque preventivo y holístico podría transformar vidas mucho antes de que necesitara una intervención quirúrgica.

Inspirado por esta experiencia, el Dr. Gundry dejó su prestigiosa posición como cirujano y se dedicó a investigar cómo la nutrición y el estilo de vida podrían prevenir y revertir enfermedades crónicas. Aunque enfrentó críticas de sus colegas por alejarse de la medicina convencional, decidió seguir su intuición y su conexión con un propósito más profundo: empoderar a las personas para que tomaran el control de su salud.

El camino no fue fácil. Cambiar el enfoque de una carrera tan establecida significó empezar desde cero en muchos aspectos. Sin embargo, el Dr. Gundry comenzó a explorar la ciencia detrás de los alimentos y cómo estos interactúan con el cuerpo humano a nivel celular. Creó un sistema basado en investigaciones innovadoras y comenzó a compartir su conocimiento a través de libros y conferencias.

Hoy, el Dr. Gundry es un autor de éxito y una voz líder en la medicina funcional, ayudando a miles de personas a través de sus libros, programas y clínicas. Su decisión de escuchar su fuente creadora y seguir un camino menos convencional no sólo transformó su vida, sino que también impactó a millones de personas en todo el mundo. Su historia nos enseña que, al escuchar nuestra intuición y actuar desde un propósito claro, podemos redefinir el impacto que dejamos en el mundo.

Steve Jobs: Innovación desde la Intuición

Steve Jobs, cofundador de Apple, fue un visionario que revolucionó el mundo de la tecnología. Aunque se le recuerda principalmente por sus logros en la industria, Jobs era conocido por su profunda conexión con su intuición y creatividad.

En varios discursos, Jobs mencionó que uno de los momentos más importantes de su vida fue cuando abandonó la universidad para seguir un camino menos convencional. Durante ese tiempo, se permitió explorar cursos y experiencias que no parecían tener un propósito inmediato, pero que alimentaron su creatividad. Uno de esos cursos fue de caligrafía, el cual más tarde influiría en el diseño tipográfico de las primeras computadoras Macintosh.

Jobs creía firmemente en la conexión entre intuición y creatividad. Decía que la intuición era "mucho más poderosa que el intelecto", y que confiar en ella le permitía ver oportunidades que otros no podían. Esta conexión con su fuente creadora fue lo que lo llevó a imaginar productos como el iPhone, el iPad y la Mac, dispositivos que no solo innovaron tecnológicamente, sino que cambiaron la forma en que vivimos.

A pesar de enfrentar obstáculos y ser despedido de la empresa que fundó, Jobs nunca perdió la fe en su visión. Regresó a Apple años después con una nueva perspectiva y transformó la compañía en una de las más valiosas del mundo. Una de las claves de su éxito fue su capacidad para conectar profundamente con lo que él llamaba "su voz interna" y convertir esa conexión en productos que resonaran con millones de personas.

Jobs nos mostró que la creatividad y la innovación surgen cuando nos damos permiso de explorar caminos no lineales y confiar en nuestro poder interno. Incluso cuando enfrentamos rechazo o adversidad, el acto de volver a nuestra fuente creadora puede generar avances que impactan no solo nuestra vida, sino también la de muchos otros.

Estas historias de figuras reconocidas muestran que conectar con tu fuente creadora no es algo reservado para unos pocos; es un recurso disponible para todos. Tal vez no estás enfrentando desafíos tan públicos como los del Dr. Gundry o creando innovaciones globales como Steve Jobs, pero las lecciones son universales. Cuando eliges escucharte, confiar en tu intuición y actuar desde tu esencia, puedes transformar tu vida de formas que no habrías imaginado.

Reflexiona sobre estas preguntas: "¿Qué ideas o sueños he ignorado por miedo o duda? ¿Qué me inspira realmente?" Tal vez sientas que es demasiado tarde o que no tienes los recursos, pero estas historias nos recuerdan que nunca es tarde para redescubrir tu propósito y actuar en consecuencia.

El Dr. Gundry y Steve Jobs no sabían exactamente cuál sería el resultado de sus decisiones cuando eligieron seguir su intuición, pero tuvieron la valentía de dar el primer paso. Esa misma valentía está disponible para ti. Escucha tu interior, confía en el proceso y recuerda que cada pequeña acción tomada desde tu fuente creadora puede generar un impacto significativo en tu vida y en la de los demás.

Tú también tienes acceso a esa fuente de creatividad, intuición y propósito. Empieza hoy, con un momento de quietud y una pregunta sincera: "¿Qué desea expresar mi fuente creadora a través de mí?" La respuesta podría ser el comienzo de tu propia transformación.

Ejercicio práctico: Meditación para conectar con tu esencia

Conectar con tu fuente creadora es un acto que puede transformar tu vida cuando decides integrarlo a tu diario vivir. Este apartado presenta una herramienta poderosa diseñada para ayudarte a fortalecer esa conexión y desbloquear tu potencial creativo. A través de pasos claros y accesibles, descubrirás cómo crear un espacio interno donde la intuición y la inspiración puedan florecer.

La Práctica de la Alianza Diaria con tu Fuente

El ejercicio que aprenderás a continuación se llama "La Alianza Diaria", y está diseñado para integrar cuerpo, mente y espíritu en una práctica consciente. Esta herramienta te ayudará a:

Calmar el ruido mental.

Escuchar tu intuición con mayor claridad.

Reconocer y manifestar ideas provenientes de tu fuente creadora.

Paso 1: Crear el Espacio Sagrado

Antes de comenzar cualquier práctica, es esencial establecer un ambiente que invite a la calma y la introspección. Este espacio no tiene que ser físico necesariamente; también puede ser un espacio mental. Sin embargo, tener un lugar dedicado puede ayudarte a entrar en un estado más receptivo.

Por qué es importante: El cerebro responde positivamente a las señales de ritual. Cuando creas un espacio sagrado, estás entrenando a tu mente para reconocer que es el momento de enfocarse y abrirse a nuevas posibilidades.

Esta asociación facilita la transición entre el caos mental y la calma necesaria para conectar con tu esencia.

Encuentra un lugar tranquilo donde no seas interrumpido.

Añade elementos que te inspiren: una vela, una planta, un cuaderno especial, o incluso música relajante.

Declara tu intención: Antes de empezar, di en voz alta o mentalmente: "Me abro a recibir la guía y la creatividad de mi fuente creadora."

Este acto simbólico prepara tu mente para el ejercicio y te ayuda a establecer una conexión consciente.

Paso 2: El Escaneo Interior

Este paso es fundamental para identificar los pensamientos y emociones que están ocupando tu mente. A menudo, nuestra conexión con la fuente está bloqueada por el ruido mental o por emociones no procesadas.

Por qué es importante: Las emociones no procesadas actúan como bloqueos energéticos que dificultan el flujo de creatividad y claridad. Estudios en neurociencia han demostrado que reconocer y etiquetar las emociones reduce su intensidad, permitiendo que tu mente se enfoque en soluciones y no en problemas.

Siéntate en una postura cómoda y cierra los ojos.

Realiza varias respiraciones profundas, inhalando por la nariz y exhalando por la boca.

Pregúntate: "¿Qué estoy sintiendo ahora mismo?" y observa cualquier respuesta que surja.

Identifica si hay pensamientos recurrentes o emociones que te generan resistencia. Por ejemplo: "Me siento ansioso por esa reunión" o "No puedo dejar de pensar en ese problema familiar."

Agradece cualquier pensamiento o emoción que surja. Di mentalmente: "Gracias por mostrarme esto; ahora puedo liberarlo."

Este escaneo te permite despejar el terreno y prepararte para recibir con mayor claridad.

Paso 3: La Pregunta Clave

En este punto, el objetivo es abrir el canal de comunicación con tu fuente creadora haciendo una pregunta directa. La pregunta clave puede variar dependiendo de tu enfoque o necesidad en ese momento. Algunas opciones incluyen:

"¿Cuál es el siguiente paso que debo tomar en esta situación?"

"¿Qué me está tratando de enseñar este reto?"

"¿Qué idea creativa necesita expresarse a través de mí?"

Por qué es importante: La neurociencia ha demostrado que el cerebro responde de manera poderosa a preguntas. Al formular una pregunta abierta, activas la corteza prefrontal, responsable del pensamiento reflexivo y la resolución de problemas. Esto no solo calma el sistema nervioso, sino que también estimula ideas creativas y soluciones.

- Haz la pregunta mentalmente o escríbela en un cuaderno.
- Permanece en silencio durante varios minutos, dejando que cualquier pensamiento, imagen o sensación surja.

- No juzgues lo que recibes. Incluso si parece irrelevante o aleatorio, anota todo lo que venga a tu mente. Muchas veces, las respuestas de tu fuente creadora se manifiestan en capas que necesitan ser exploradas más a fondo.

Paso 4: Visualización Creativa

Este paso utiliza la imaginación para reforzar tu conexión con la fuente creadora y para alinear tus pensamientos con lo que deseas manifestar.

Por qué es importante: Visualizar activa las mismas regiones del cerebro que se utilizan al experimentar la realidad. Esto significa que el cerebro no distingue entre lo imaginado y lo vivido, lo que te permite entrenarlo para buscar y atraer las experiencias que deseas.

Cierra los ojos y visualiza un lugar donde te sientas completamente en paz. Puede ser un bosque, una playa o incluso un espacio imaginado.

En este lugar, imagina que te encuentras con una versión de ti mismo completamente alineada con tu esencia. Observa su postura, su expresión y la energía que emana.

Pregúntale: "¿Qué pasos debo tomar para acercarme a esta versión de mí mismo?".

Visualiza cómo das esos pasos, uno por uno, sintiendo gratitud y confianza en cada movimiento.

Esta práctica no solo fortalece tu conexión con la fuente, sino que también entrena tu mente para enfocarse en soluciones y oportunidades.

Paso 5: Registro y Reflexión

El acto de escribir es una herramienta poderosa para consolidar lo que has recibido y procesado durante el ejercicio.

Por qué es importante: Escribir activa el sistema reticular del cerebro, una red que ayuda a filtrar y dar prioridad a la información importante. Esto significa que las ideas y respuestas que anotas tienen más probabilidades de ser recordadas y aplicadas.

Dedica unos minutos a anotar lo que experimentaste, las respuestas que surgieron y cualquier idea o sensación relevante.

Reflexiona sobre cómo puedes aplicar estas ideas en tu vida diaria. Pregúntate: "¿Qué pequeña acción puedo tomar hoy para honrar lo que recibí?"

Revisa tus notas semanalmente para identificar patrones o temas recurrentes. Esto te ayudará a profundizar en tu conexión con la fuente y a detectar oportunidades de crecimiento.

Al practicar esta herramienta de manera constante, podrías experimentar:

Mayor claridad en la toma de decisiones.

Una sensación de paz interior, incluso en medio de desafíos.

Incremento de ideas creativas y soluciones inesperadas.

Una mayor capacidad para reconocer sincronicidades y oportunidades que antes pasaban desapercibidas.

La "Alianza Diaria" es una forma de recordarte que tienes el poder de elegir desde tu esencia. Recuerda que no se trata de hacerlo perfectamente, sino de intentarlo con sinceridad. Al crear el espacio para tu fuente creadora, permites que las respuestas y las ideas fluyan hacia ti de manera natural. Con el tiempo, esta práctica puede convertirse en una parte fundamental de tu vida diaria, transformando la manera en que interactúas contigo mismo y con el mundo.

Cada día es una oportunidad para acercarte más a la vida que deseas. Dedica unos minutos a esta herramienta y observa los cambios que se manifiestan en tu interior y a tu alrededor. Tu fuente creadora está esperando a ser escuchada, está lista para guiarte hacia una vida llena de significado y posibilidades.

Tu conexión como fuente infinita de poder

Tomarte el tiempo para reflexionar sobre lo aprendido es clave para consolidar los conceptos y llevarlos a la práctica. Este apartado te invita a explorar cómo conectar con tu fuente creadora puede transformar tu percepción y tus decisiones diarias. A través de preguntas introspectivas, descubrirás aspectos profundos de tu vida que quizá hayas pasado por alto.

Conectar con tu fuente creadora no es un objetivo en sí mismo; es el medio para vivir una vida más alineada con tu propósito. Cuando reconoces que tienes acceso a una guía interna poderosa, comienzas a ver el mundo de manera diferente. En lugar de sentirte perdido o abrumado, puedes encontrar claridad incluso en los momentos de incertidumbre.

Piénsalo de esta manera: si tu vida fuera un río, tu fuente creadora es como la corriente que te lleva hacia adelante. A veces, puedes resistirte, intentando ir contra la corriente por miedo o falta de confianza. Pero cuando te permites fluir con ella, encuentras un sentido de paz y dirección. ¿Qué tan seguido te detienes a reflexionar sobre cómo te relacionas con esa corriente? ¿Estás confiando en ella o luchando contra su curso?

Esta práctica de conexión no requiere perfección, solo disposición. Tal vez algunos días sientas que las respuestas no llegan, o que el ruido de la mente es demasiado fuerte. Esos días son una invitación a profundizar aún más y a ser amable contigo mismo. Cada pequeño paso que tomas hacia esta conexión tiene un impacto acumulativo.

Para guiarte en este camino de autodescubrimiento, aquí tienes algunas preguntas clave. Estas preguntas están diseñadas para ayudarte a identificar las áreas de tu vida donde puedes fortalecer tu conexión con la fuente creadora y aplicar lo aprendido. A continuación, se incluyen ejemplos de posibles respuestas para inspirarte:

Sobre tus creencias:

Pregunta: "¿Qué creencias tengo sobre mí mismo que podrían estar limitando mi potencial?"

Respuesta ejemplo: "Creo que no soy lo suficientemente bueno para liderar un proyecto. Esta creencia ha frenado mi crecimiento profesional y me ha llevado a evitar oportunidades importantes."

Pregunta: "¿Cuáles de estas creencias me han sido "heredadas" y ya no resuenan conmigo?"

Respuesta ejemplo: "Mi familia siempre me dijo que el dinero es difícil de conseguir, pero ahora entiendo que esa creencia no tiene por qué definir mi relación con la abundancia."

Sobre la intuición:

Pregunta: "¿Cuándo fue la última vez que escuché mi intuición y tomé una decisión basada en ella?"

Respuesta ejemplo: "Cuando decidí mudarme de ciudad a pesar de las dudas externas, mi intuición me guió y esa decisión ha sido una de las mejores de mi vida."

Pregunta: "¿Cómo puedo crear más espacio para escuchar esa voz interna en mi vida diaria?"

Respuesta ejemplo: "Dedicaré 10 minutos cada mañana a estar en silencio y a prestar atención a las sensaciones o pensamientos que surjan."

Sobre tu creatividad:

Pregunta: "¿Qué actividades me hacen sentir más conectado con mi lado creativo?"

Respuesta ejemplo: "Escribir en mi diario y dibujar sin un objetivo específico me hace sentir inspirado y conectado conmigo mismo."

Pregunta: "¿Cómo puedo integrar más de estas actividades en mi rutina diaria?"

Respuesta ejemplo: "Voy a dedicar 30 minutos después del trabajo a practicar algún tipo de arte, aunque sea algo sencillo."

Sobre la gratitud:

Pregunta: "¿Qué puedo agradecer hoy, que antes pasaba desapercibido?"

Respuesta ejemplo: "Agradezco el café caliente que tomé esta mañana y la conversación significativa que tuve con un colega."

117

Pregunta: "¿Cómo puedo usar la gratitud como una herramienta para elevar mi vibración?"

Respuesta ejemplo: "Cada noche escribiré tres cosas que agradezco y reflexionaré sobre cómo esas cosas aportaron positivismo a mi día."

Sobre tu propósito:

Pregunta: "¿Qué aspecto de mi vida actual refleja más mi propósito?"

Respuesta ejemplo: "Mi pasión por enseñar y compartir conocimiento refleja mi propósito de inspirar a otros."

Pregunta: "¿Qué pequeño paso puedo dar hoy para alinearme más con ese propósito?"

Respuesta ejemplo: "Voy a inscribirme en un curso que me permita mejorar mis habilidades pedagógicas."

Espacio Interactivo:

Dedica unos minutos a escribir tus respuestas en un cuaderno o diario. Este espacio no es para juzgar lo que escribes, sino para permitirte explorar tus pensamientos con sinceridad. Al escribir, puedes notar patrones, miedos o deseos que no habías identificado antes. Aquí tienes una guía para estructurar tu reflexión:

Comienza con una respiración profunda para calmar tu mente.

Escribe una respuesta breve para cada pregunta, dejando que las palabras fluyan, sin censura.

Revisa tus respuestas después de unos minutos y subraya cualquier idea o frase que resuene profundamente contigo.

¿Por qué es tan relevante dedicar tiempo a estas preguntas? Cuando reflexionas activamente, estás entrenando tu mente para enfocarse en lo que realmente importa. En lugar de quedar atrapado en el ruido del día a día, te estás regalando el espacio para escuchar lo que tu ser interior quiere comunicarte.

Además, la reflexión no solo te permite identificar tus bloqueos, sino también te da claridad sobre cómo superarlos. Es como ajustar la lente de una cámara para enfocar una imagen borrosa. Con cada sesión de introspección, el panorama de tu vida se vuelve más nítido y significativo.

Un Compromiso Contigo Mismo

Haz de esta práctica una parte regular de tu vida. No necesitas dedicar horas; incluso 10 minutos al día pueden marcar la diferencia. La clave está en la consistencia. Cada pregunta que te haces y cada respuesta que exploras te acerca más a comprender tu relación con tu fuente creadora.

Recuerda, no se trata de tener todas las respuestas de inmediato. Algunas preguntas podrán quedarse contigo durante días o semanas antes de que encuentres una respuesta clara. Eso está bien. Lo importante es mantener la disposición para reflexionar y aprender.

Al final del día, tu fuente creadora siempre está disponible para guiarte. Estas preguntas son solo el comienzo de un diálogo continuo contigo mismo. Mientras más practiques esta introspección, más conectado te sentirás con tu esencia y más capaz serás de manifestar la vida que deseas.

Empieza hoy con una de las preguntas que más resuene contigo y permítete explorarla con profundidad. Quizás encuentres una respuesta que cambie tu perspectiva por completo

Has llegado hasta aquí porque dentro de ti hay un anhelo profundo de conectar con algo más grande, con esa chispa divina que reside en tu interior. Este capítulo ha sido una invitación a recordar lo que siempre ha estado ahí: tu fuente creadora, ese espacio infinito de posibilidades que aguarda a ser descubierto y manifestado. Ahora es el momento de dar un paso decisivo hacia tu transformación.

La conexión con tu fuente no es algo que debas buscar afuera; está en cada respiración, en cada momento de silencio y en cada pequeña acción que tomas para alinearte con tu esencia. Es un recurso ilimitado que espera a ser utilizado, y tú tienes las herramientas para acceder a él. La pregunta es: ¿estás dispuesto a hacerlo? ¿Estás dispuesto a confiar en ese poder que llevas dentro?

Piensa por un momento en todas las veces que te has sentido estancado, confundido o perdido. ¿Qué pasaría si te dieras cuenta de que siempre has tenido la llave para salir de esos momentos? Esa llave es tu capacidad de conectar contigo mismo, de escuchar tu intuición y de actuar desde un lugar de autenticidad y claridad.

Hoy es el día para comprometerte contigo mismo. No necesitas saber exactamente cómo será el camino; solo necesitas dar el primer paso. Comienza con algo sencillo: dedica cinco minutos al día para estar en silencio, para respirar profundamente y para preguntarte: "¿Qué desea expresar mi fuente creadora a través de mí hoy?" Permítete escuchar la respuesta, sin juzgarla, y actúa sobre ella con confianza.

Recuerda que cada pequeño esfuerzo cuenta. No se trata de hacer grandes cambios de un día para otro, sino de construir una práctica constante que, con el tiempo, transforme tu vida. Cada vez que eliges conectar con tu fuente creadora, estás diciendo sí a una vida más alineada, más plena y más auténtica.

Te invito a que durante la próxima semana practiques la herramienta de este capítulo. Escanea tus emociones, haz las preguntas clave y visualiza la mejor versión de ti mismo. Observa los pequeños cambios que comienzan a ocurrir cuando eliges conscientemente conectar con tu esencia. Esos cambios son el inicio de algo mucho más grande.

Tu vibración, tu energía y tus decisiones tienen el poder de moldear tu realidad. Hoy tienes la oportunidad de elevar tu vida, de redescubrir tu potencial y de ser el creador de la experiencia que siempre has deseado vivir. No dejes que el miedo o la duda te detengan. La verdadera magia comienza cuando eliges confiar en ti mismo y en el poder infinito que llevas dentro.

Este es tu momento. El universo está esperando a que tomes tu lugar como el creador consciente de tu realidad. Da ese paso ahora. Tú eres el cambio que has estado buscando.

Ahora que has aprendido a conectar con tu fuente creadora, es el momento de activar una de las energías más transformadoras y poderosas que existen: la gratitud. Esta es una llave maestra que desbloquea un flujo constante de abundancia y nos permite experimentar la vida desde una perspectiva profundamente enriquecedora.

En el próximo capítulo, descubrirás cómo la gratitud no sólo eleva tu vibración, sino que también reprograma tu mente, alinea tus emociones y te abre a recibir más de lo que verdaderamente deseas. Aprenderás a integrar esta práctica como una herramienta diaria que ilumina incluso los momentos más desafiantes y te conecta con la magia del presente.

¿Estás listo para ver cómo cada momento, cada experiencia y cada paso de tu camino está lleno de oportunidades para agradecer y expandir tu vida desde ahí? Lo que viene no solo cambiará cómo ves el mundo, sino también cómo el universo te responde a ti.

Capítulo 6

Vive desde la Gratitud

La gratitud no es solo un sentimiento; es una fuerza transformadora que tiene el poder de cambiar tu vida desde sus cimientos. Aunque la palabra "gratitud" puede sonar familiar, su verdadera profundidad y potencial suelen pasar desapercibidos. Este capítulo te invita a explorar cómo vivir desde la gratitud puede abrir puertas, no sólo externas, sino también internas, conectándote con una vida más plena, auténtica y llena de significado.

Quiero compartir contigo una experiencia personal que marcó un antes y un después en mi vida. Hace algunos años, pasé por una etapa desafiante. Había decidido cambiar mi vida, a pesar de tener un muy buen empleo con buen salario y vivir una vida cómoda, tenía la ilusión de vivir en otro país, así que renuncie a todo y me fui a probar suerte, pero nada fue como esperaba, todo era difícil, las oportunidades no se daban, buscaba empleo, iba a entrevistas y no me contrataban, el dinero escaseaba y finalmente tuve que aceptar un trabajo que era muy inferior a mi experiencia y capacidades para poder sobrevivir, en ese momento me encontraba sumida en una espiral de pensamientos negativos. Mi mente estaba atrapada en el "por qué me pasa esto a mí", y me costaba encontrar algo positivo en mis días. A pesar que desde el momento cero nada fluía, yo no quería aceptar que ese no era mi camino, hacia caso omiso a todas las señales que me decían que ese no era mi lugar, hasta que la situación fue tan apremiante que tomamos la decisión con mi esposo de devolvernos a nuestro país.

Al regresar nada fue fácil, nuevamente estaba desesperada buscando trabajo, viviendo donde la familia por que no teníamos los medios económicos para rentar algo para nosotros, trabajando en lo que saliera, pero siempre enfocada en todo lo que pasaba externamente, nunca me detuve a reflexionar sobre mis pensamientos o sentimientos pues en ese momento, aún no sabía que de ahí venía todo ese caos. Nunca practique algún credo o religión, no creía en algo más allá del mundo físico, pero en esta situación me encontré un día pidiéndole a la fuerza creadora que existe más allá de todo, que me ayudara, que yo no entendía por que me pasaban esas cosas, el por qué nada fluía en mi vida y de repente, conocí a Paola, mi mentora espiritual de la que te conté anteriormente y recuerdo perfectamente que el primer libro que me compartió para que yo pudiera entender la conexión espiritual fue *"La Magia"* - de Rhonda Byrne. Desde ese momento mi vida comenzó a cambiar, comencé a trabajar en mi y en cómo veía el mundo.

Inspirada por esa lectura, decidí empezar un diario de gratitud. Al principio fue complicado; me sentía forzada a buscar algo que agradecer en medio de mis dificultades. Pero perseveré. Comencé anotando cosas pequeñas, como el hecho de que el sol brillara esa mañana o que alguien me sonriera en la calle. Con el tiempo, esas anotaciones diarias empezaron a cambiar mi perspectiva. Ya no me enfocaba tanto en lo que había perdido o me faltaba, sino en todo lo que seguía teniendo y en las oportunidades que me rodeaban.

Poco a poco, mi energía empezó a cambiar. Al cabo de unos meses, noté que mi mente estaba más calmada, mis relaciones personales se fortalecieron y nuevas oportunidades comenzaron a aparecer. Nos mudamos a un nuevo país en donde todo ha fluido maravillosamente para nosotros. Y no fue coincidencia: fue el poder de la gratitud, el que me permitió alinear mi vibración con una energía de abundancia y posibilidad.

"¿Cuántas veces damos por hecho lo que tenemos, hasta que lo perdemos? Y si, en lugar de esperar a perder algo para valorarlo, comenzamos a apreciarlo ahora mismo?"

Haz una pausa por un momento y reflexiona: ¿Qué cosas en tu vida has dado por garantizadas hoy? Puede ser algo tan simple como el aire fresco que respiras, el calor de una taza de café por la mañana o la voz de alguien que amas. A menudo, pasamos tanto tiempo enfocados en lo que nos falta que olvidamos reconocer todo lo que ya está presente.

"Cuando agradeces lo que tienes, creas un puente hacia lo que deseas."

Esta frase no es solo una afirmación inspiradora; es una verdad respaldada por la ciencia y la experiencia humana. La gratitud no solo cambia tu perspectiva, también transforma la manera en que te relacionas contigo mismo, con los demás y con el universo.

La gratitud como catalizador de abundancia

La gratitud tiene un efecto magnético. Cuando te enfocas en lo que valoras, empiezas a atraer más de lo mismo. Esto no es magia ni simple optimismo, es una consecuencia natural de la manera en que tu mente interpreta y responde al mundo. Estudios en neurociencia han demostrado que practicar la gratitud activa regiones del cerebro asociadas con la felicidad, la empatía y el bienestar. Además, fortalece las conexiones neuronales relacionadas con el pensamiento positivo, lo que te ayuda a construir un estado mental resiliente y optimista.

Volvamos a ti: ¿Cómo sería tu vida si decidieras vivir desde la gratitud, no como una emoción ocasional, sino como un estado constante? Imagina despertar cada día con la intención de buscar razones para agradecer. Podría ser algo tan pequeño como el canto de los pájaros afuera de tu ventana, o tan significativo como el apoyo de un ser querido. Esa búsqueda de gratitud te entrenaría a enfocarte en la abundancia que ya existe, en lugar de las carencias.

En este capítulo, profundizaremos en cómo adoptar la gratitud como un pilar central en tu vida. Exploraremos herramientas prácticas para cultivarla, historias inspiradoras de transformación y encontrarás ejercicios que te permitirán experimentar su impacto inmediato.

Vivir desde la gratitud no es un acto pasivo ni una técnica superficial. Es una decisión consciente de transformar tu vibración, tus relaciones y tus resultados. Es elegir ver la belleza que siempre ha estado frente a ti y usar esa energía como combustible para crear una vida extraordinaria. Acompáñame en este viaje hacia un estado de gratitud que no solo transforma, sino que eleva.

La gratitud, más que un sentimiento pasajero, es una herramienta poderosa para transformar tu realidad. Este capítulo explora cómo vivir desde la gratitud impacta no solo tu bienestar emocional, sino también tu vibración energética, tus relaciones y las oportunidades que atraes a tu vida. Cuando eliges vivir con gratitud, estás decidiendo conscientemente ver el mundo desde una perspectiva de abundancia, en lugar de carencia.

La neurociencia ha estudiado extensamente cómo la gratitud afecta al cerebro. Cuando practicas la gratitud de manera consciente, se activan áreas cerebrales asociadas con el placer, la empatía y la regulación emocional, como el córtex prefrontal y el sistema de recompensa. Además, se liberan neurotransmisores como la dopamina y la serotonina, que contribuyen a un estado de ánimo más positivo y a una mayor resiliencia frente al estrés.

Un estudio realizado por el Greater Good Science Center de la Universidad de California, encontró que las personas que practican la gratitud regularmente tienen un 23% menos de cortisol, la hormona del estrés, en comparación con quienes no lo hacen. Este simple acto de reconocer lo positivo puede tener un impacto físico significativo, ayudándote a manejar mejor los desafíos cotidianos y a fortalecer tu sistema inmunológico.

Además, una investigación liderada por el Dr. Robert Emmons, experto en gratitud y psicología, mostró que las personas que mantienen un diario de gratitud durante al menos 10 semanas reportan sentirse un 25% más felices que aquellas que no lo hacen. Su estudio también encontró que estas personas tienen más probabilidades de realizar ejercicio regular y menos probabilidades de experimentar síntomas depresivos.

Por otro lado, un experimento conducido por el Instituto *HearthMath*, reveló que la práctica de la gratitud puede influir directamente en la coherencia cardíaca, una medida de la sincronización entre el corazón y el cerebro. Durante momentos de gratitud consciente, los participantes experimentaron una mejora en sus ritmos cardíacos, lo que se tradujo en una mayor sensación de calma y bienestar general.

La gratitud también tiene efectos tangibles en las relaciones interpersonales. Según un estudio publicado en la revista *Emotion*, expresar gratitud fortalece los lazos sociales y mejora la percepción que otros tienen de nosotros. Las personas agradecidas tienden a ser vistas como más confiables, amables y solidarias, lo que facilita la creación de conexiones más profundas y significativas.

Finalmente, el impacto de la gratitud no se limita a las emociones o las relaciones; también puede influir en el éxito profesional. Un estudio realizado por la Escuela de Negocios de la Universidad de Harvard encontró que los líderes que practican y expresan gratitud regularmente generan un ambiente laboral más positivo, lo que mejora la productividad y el compromiso de los equipos.

Estos hallazgos científicos respaldan lo que muchas tradiciones espirituales han sostenido durante siglos: la gratitud no es solo una virtud, sino una práctica transformadora que afecta todos los aspectos de nuestra vida. Cuando eliges cultivar este hábito, estás activando un cambio profundo en tu cerebro, tu cuerpo y tu entorno.

A menudo, esperamos sentir gratitud solo cuando algo grande o extraordinario sucede en nuestra vida. Sin embargo, vivir desde la gratitud significa elegir activamente enfocarte en lo que ya tienes, incluso en los momentos de dificultad. Es una decisión que requiere conciencia y práctica diaria.

Pongamos un ejemplo: imagina que estás enfrentando un desafío en tu trabajo. Podrías centrarte en las dificultades y sentirte abrumado, o podrías buscar algo por lo que estar agradecido en esa situación. Quizás sea la oportunidad de aprender algo nuevo, el apoyo de un colega o simplemente el hecho de tener un empleo. Este cambio de enfoque no solo mejora tu estado emocional, sino que también te abre a soluciones que quizás no habías considerado.

Una práctica poderosa en este sentido es el "reencuadre agradecido". Consiste en mirar una situación desafiante y buscar tres cosas por las que puedas sentir gratitud. Por ejemplo:

Desafío: Un retraso en un proyecto importante.

Reencuadre agradecido: Este retraso me da más tiempo para perfeccionar mi trabajo, para recibir comentarios valiosos y para aprender a manejar mejor mi paciencia.

En términos energéticos, la gratitud tiene una frecuencia vibratoria alta que te alinea con emociones como el amor, la alegría y la abundancia. Al practicar la gratitud, no solo cambias tu estado interno, sino que también ajustas el tipo de energía que proyectas al mundo. Este cambio impacta directamente la forma en que las personas y las circunstancias reaccionan ante ti.

Para ilustrarlo, piensa en alguien que entra a una habitación con una actitud positiva y agradecida. Esa persona tiene una presencia magnética que inspira confianza y buena voluntad. Por el contrario, alguien que lleva consigo resentimiento o queja tiende a generar incomodidad o resistencia en los demás. Esto no es solo percepción; es la ley de resonancia en acción: las frecuencias similares se atraen entre sí.

Además, la gratitud fortalece la conexión entre tu mente subconsciente y tu mente consciente. Cuando decides enfocar tu atención en lo positivo, estás reprogramando tu cerebro para buscar más razones para agradecer. Este cambio no ocurre de la noche a la mañana, pero con consistencia, notarás cómo tu mente se vuelve un imán para atraer las oportunidades y la abundancia.

Cómo agradecer incluso en medio del desafío

Es natural que, en momentos de dificultad, te resulte difícil sentir gratitud. Sin embargo, estas son las ocasiones en las que más necesitas practicarla. Una de las barreras más comunes es el hábito de enfocarnos en lo que falta o en lo que no está funcionando. Este enfoque negativo se refuerza a través de nuestras creencias y experiencias pasadas, creando un ciclo de carencia que se perpetúa.

Otra barrera importante es el ego. Muchas veces, el ego nos lleva a pensar que no tenemos suficiente o que merecemos más. Este enfoque nos aleja de la gratitud porque nos mantiene atrapados en la insatisfacción. Practicar la gratitud implica poner el ego en pausa y reconocer que, aunque no todo sea perfecto, hay aspectos de tu vida que merecen ser valorados.

Para romper este ciclo, puedes empezar con pequeñas acciones. Por ejemplo, dedica un minuto al final del día para reflexionar sobre algo positivo que haya sucedido, por pequeño que sea. Este ejercicio, aunque simple, entrena tu mente para buscar lo positivo incluso en medio de los desafíos.

La gratitud no tiene que ser un acto complejo o reservado para ocasiones especiales. Al contrario, su poder reside en su simplicidad y en su capacidad de integrarse en la vida cotidiana. Aquí tienes algunas formas prácticas de cultivar la gratitud:

Diario de Gratitud: Dedica unos minutos al día para escribir tres cosas por las que estés agradecido. Esto no solo te ayuda a enfocarte en lo positivo, también crea un registro al que puedes volver en momentos difíciles.

Expresión Verbal: Tómate el tiempo para expresar tu gratitud a las personas que te rodean. Un simple "gracias" puede fortalecer tus relaciones y elevar la energía de quienes te rodean.

Visualización: Antes de dormir, cierra los ojos y visualiza las cosas por las que estás agradecido. Imagina cómo esas bendiciones iluminan tu vida y siente la emoción de la gratitud en tu corazón.

Agradecimiento en los Desafíos: Cuando enfrentes un obstáculo, haz una pausa y pregúntate: "¿Qué puedo aprender de esta situación? ¿Hay algo positivo que pueda extraer de ella?"

Vivir desde la gratitud no significa ignorar los problemas o fingir que todo está bien. Al contrario, significa enfrentarte a la realidad con una perspectiva que te permite encontrar oportunidades incluso en las dificultades. Es un recordatorio constante de que, a pesar de los desafíos, siempre hay algo por lo que agradecer.

La gratitud es un puente entre el presente y el futuro que deseas crear. Al enfocarte en lo que ya tienes, envías un mensaje al universo de que estás listo para recibir más. Este cambio de perspectiva no solo transforma tu experiencia interna, sino que también impacta el mundo que te rodea.

En los siguientes apartados, exploraremos herramientas específicas y casos inspiradores que te ayudarán a integrar la gratitud como un pilar fundamental en tu vida. Recuerda, cada momento es una oportunidad para elegir la gratitud y transformar tu vibración.

La gratitud es una herramienta que puede transformar vidas de manera tangible y poderosa. Soy un ejemplo de ello. A través de la historia, muchas personas han integrado la gratitud en sus vidas para superar desafíos y alcanzar un éxito extraordinario. En este apartado, exploraremos dos casos inspiradores de figuras reconocidas que han utilizado la gratitud como un catalizador para su transformación.

La Historia de Albert Einstein: La gratitud como Motor de Transformación

Albert Einstein, uno de los científicos más brillantes de todos los tiempos, expresó en varias ocasiones su profunda gratitud hacia las personas y las circunstancias que moldearon su vida. Aunque solemos asociar a Einstein con sus contribuciones científicas, su actitud agradecida fue una de las claves de su éxito. En varias cartas personales y discursos, Einstein compartió su aprecio por quienes le precedieron y le abrieron el camino para sus descubrimientos.

Einstein comentó: "Cada día me recuerdo a mí mismo que mi vida interna y externa se basa en los esfuerzos de otros seres humanos, vivos y muertos, y que debo esforzarme por dar en la misma medida en que he recibido." Esta reflexión demuestra cómo él utilizaba la gratitud, no sólo para reconocer el trabajo de los demás, sino también como una brújula que guiaba sus acciones.

Su práctica de gratitud lo llevó a cultivar una mente abierta y colaborativa, lo que resultó en algunos de los avances más significativos de la física moderna. Einstein también utilizaba momentos de reflexión para agradecer los retos que enfrentaba, viendo en ellos una oportunidad para aprender y expandir su comprensión del universo. Este enfoque lo conectó profundamente con su propósito y le permitió mantener una vibración elevada incluso en tiempos de incertidumbre.

Einstein nos enseña que la gratitud no se limita a un agradecimiento superficial; es una fuerza transformadora que conecta nuestra humanidad con el progreso colectivo. Es un recordatorio de que al reconocer las contribuciones de los demás, creamos un ciclo de abundancia que se refleja en nuestras acciones y en los logros que alcanzamos.

La Reinvención de Louise Hay a Través de la Gratitud

Louise Hay, autora y pionera en el campo del desarrollo personal, enfrentó una infancia llena de abuso y desafíos emocionales. Durante su juventud, Louise acumuló una serie de creencias limitantes que la llevaron a sentirse atrapada en patrones destructivos. Sin embargo, en un punto crucial de su vida, decidió tomar el control de su narrativa y comenzó a practicar la gratitud como una forma de transformar su percepción.

Louise usaba afirmaciones positivas y ejercicios de gratitud diarios para reprogramar su mente subconsciente. Uno de sus ejercicios más simples, pero poderosos, consistía en mirarse al espejo cada mañana y agradecerse por ser quien era, incluso en medio de sus imperfecciones. Esto la ayudó a sanar heridas emocionales profundas y a construir una base sólida de amor propio.

Cuando fue diagnosticada con cáncer, en lugar de caer en la desesperación, Louise utilizó la gratitud para fortalecer su espíritu. Agradecía a su cuerpo por lo que aún podía hacer, agradecía a los médicos que la apoyaban y agradecía cada pequeño progreso en su recuperación. Su práctica de gratitud, combinada con afirmaciones y cambios en su estilo de vida, no solo le ayudaron a superar su enfermedad, sino que también inspiró a millones de personas a seguir un camino similar.

Louise solía decir: "La gratitud es el puente que nos lleva del caos a la claridad." Esta frase encapsula su creencia de que, al cambiar nuestra perspectiva, hacia una de agradecimiento, podemos crear un espacio para la sanación y el crecimiento. Su vida es un testimonio de que, incluso en los momentos más oscuros, la gratitud tiene el poder de iluminar el camino hacia la transformación.

Las historias de Albert Einstein y Louise Hay son un recordatorio de que la gratitud es una herramienta accesible para todos, sin importar las circunstancias. Estas figuras lograron transformar su realidad al cambiar su enfoque; y tú puedes hacer lo mismo.

Reflexiona por un momento: ¿Cuáles son las pequeñas cosas en tu vida que has dado por hecho? Podría ser el techo sobre tu cabeza, una comida caliente o una conversación significativa con un ser querido. Ahora pregúntate: ¿Qué podría cambiar en tu vida si eligieras reconocer y agradecer estas bendiciones todos los días?

La gratitud no elimina los desafíos, pero cambia la manera en cómo los enfrentas. Te da una base de estabilidad emocional desde la cual puedes tomar decisiones más conscientes y te ayuda a enfocarte en soluciones en lugar de problemas. Incluso en los momentos más difíciles, puedes encontrar algo por lo que agradecer, y esa práctica tiene el poder de transformar no solo tu perspectiva, sino también tu vibración energética y por ende, los resultados que atraes.

Una práctica sencilla que puedes comenzar hoy es dedicar unos minutos cada mañana para agradecer tres cosas específicas. No importa cuán pequeñas o grandes sean; lo importante es que las sientas genuinamente. Al hacerlo, estarás entrenando tu mente para enfocarse en lo positivo, lo que cambiará tu día y, eventualmente, tu vida.

Albert Einstein y Louise Hay, utilizaron la gratitud como una herramienta esencial para navegar sus vidas y alcanzar el éxito. Sus historias nos recuerdan que el poder de la gratitud no reside en los grandes gestos, sino en los actos simples y conscientes que practicamos a diario.

Hoy tienes la oportunidad de seguir su ejemplo. Dedica unos minutos a reflexionar sobre las cosas por las cuales estás agradecido y observa cómo cambia tu estado emocional. Comienza con algo pequeño y permite que la gratitud crezca en tu vida como una fuerza transformadora.

En el próximo apartado, exploraremos herramientas específicas para cultivar la gratitud de manera consistente y cómo convertirla en un hábito diario. Recuerda que cada elección que haces para enfocarte en lo positivo es un paso hacia una vida más plena y alineada con tu propósito.

La gratitud es una práctica poderosa que puede integrarse en tu vida diaria para transformar tu estado emocional, tus relaciones con los demás y las oportunidades que atraes.

En este apartado, aprenderás una herramienta práctica que te ayudará a anclar la gratitud como un hábito diario, permitiéndote elevar tu vibración y reconfigurar tu percepción del mundo.

Ejercicio práctico: Diario de gratitud activa

El Diario de Gratitud 3x3

El Diario de Gratitud 3x3 es un ejercicio simple pero profundamente efectivo que puedes implementar cada día. Este método te permite enfocar tu atención en lo positivo, reprogramar tus pensamientos y cultivar una mentalidad de abundancia. Aquí tienes los pasos para practicarlo:

Elige un momento del día para reflexionar: Puede ser en la mañana al despertar, al mediodía o en la noche antes de dormir. Lo importante es que elijas un momento en el que puedas estar tranquilo y concentrado.

Escribe tres cosas por las que estés agradecido: Estas pueden ser experiencias, personas, logros o incluso pequeños momentos que hayas disfrutado durante el día. Por ejemplo:

La sonrisa de un desconocido que iluminó tu mañana.

Una conversación significativa con un amigo.

El aroma del café mientras comenzabas tu día.

Describe cada elemento con detalle: No basta con hacer una lista rápida. Dedica unos minutos a escribir por qué estás agradecido por cada cosa y cómo te hizo sentir. Este paso te ayuda a profundizar en la experiencia y a conectarte emocionalmente con ella.

Repite el ejercicio durante 21 días: La consistencia es clave para formar un hábito. Practica el Diario de Gratitud 3x3 durante al menos tres semanas para experimentar cambios notables en tu percepción y bienestar.

Para que entiendas mejor cómo aplicar esta herramienta, aquí tienes un ejemplo detallado:

Mañana:

Estoy agradecido por el sol que ilumina mi habitación al despertar. Me recuerda que cada día es una nueva oportunidad.

Estoy agradecido por la taza de té caliente que me acompaña mientras reflexiono. Su calor me reconforta y me prepara para el día.

Estoy agradecido por el mensaje de ánimo que recibí de un amigo. Me hizo sentir apoyado y valorado.

Mediodía:

Estoy agradecido por el esfuerzo de mi equipo en el trabajo. Su dedicación me inspira a dar lo mejor de mí.

Estoy agradecido por la comida que tengo frente a mí. Es un recordatorio de la abundancia que existe en mi vida.

Estoy agradecido por la breve caminata al aire libre que pude hacer. Me conectó con la naturaleza y me llenó de energía.

Noche:

Estoy agradecido por haber completado una tarea difícil. Me demuestra que soy capaz de superar desafíos.

Estoy agradecido por el tiempo que dediqué a leer un libro que amo. Alimenta mi mente y mi espíritu.

Estoy agradecido por las risas compartidas con mi familia durante la cena. Esos momentos fortalecen nuestros lazos.

Es natural que, en momentos de dificultad, surjan pensamientos negativos. Sin embargo, estos pensamientos pueden convertirse en una oportunidad para practicar la gratitud y transformar tu perspectiva. Aquí tienes una herramienta adicional para manejar esos momentos:

Identifica el pensamiento negativo: Cuando notes un pensamiento que te causa estrés o incomodidad, como "No soy lo suficientemente bueno" o "Esto nunca va a salir bien", escríbelo o repítelo en tu mente conscientemente para desde allí, trabajarlo.

Haz una pausa y respira profundamente: Esto te ayudará a calmar tu mente y a prepararte para un cambio de enfoque.

Reformula el pensamiento: Busca una forma de transformar ese pensamiento en algo positivo o agradecimiento. Por ejemplo:

Pensamiento negativo: "No soy lo suficientemente bueno."

Pensamiento transformado: "Estoy agradecido por las oportunidades que tengo para seguir aprendiendo y mejorando."

Pensamiento negativo: "Esto nunca va a salir bien."

Pensamiento transformado: "Estoy agradecido por los recursos y el apoyo que tengo para encontrar una solución."

Encuentra un aprendizaje o un beneficio: Pregúntate: "¿Qué puedo aprender de esta situación? ¿Qué aspectos positivos puedo encontrar aquí?" Este paso te ayuda a conectar con una perspectiva más amplia y a ver los retos como oportunidades.

Cuando enfrentes un momento especialmente difícil, prueba este ejercicio:

Escribe la situación que estás enfrentando: Por ejemplo, "Estoy teniendo un conflicto en mi trabajo."

Haz una lista de al menos tres cosas positivas que puedan surgir de esta situación. Por ejemplo:

Puedo aprender a comunicarme mejor.

Es una oportunidad para practicar la paciencia.

Esto me recuerda la importancia de priorizar mi bienestar.

Encuentra un pequeño motivo de gratitud en el momento presente: Agradece algo que esté relacionado con el contexto, como el apoyo de un amigo o un momento de calma que hayas tenido.

Visualiza el resultado positivo: Dedica unos minutos a imaginar cómo sería resolver este desafío con gratitud y confianza. Este ejercicio te ayuda a generar una energía más positiva que influya en tu manera de actuar.

El impacto del Diario de Gratitud 3x3 y de las herramientas para transformar pensamientos negativos va más allá de los momentos en que los practicas. Al enfocar tu mente en lo positivo, estás entrenando tu cerebro para buscar y amplificar experiencias gratificantes. Algunos de los beneficios que experimentarás incluyen:

Mejora de tu bienestar emocional: La gratitud eleva tus niveles de felicidad y reduce el estrés al cambiar tu atención de lo que te falta a lo que ya tienes.

Fortalecimiento de tus relaciones: Al expresar gratitud hacia los demás, generas conexiones más profundas y significativas.

Aumento de tu resiliencia: Practicar la gratitud te ayuda a encontrar significado en los desafíos, lo que fortalece tu capacidad para enfrentarlos con mayor serenidad.

Elevación de tu vibración energética: Cada vez que agradeces, te alineas con emociones de alta frecuencia como el amor y la alegría, atrayendo más de lo que deseas a tu vida.

El Diario de Gratitud 3x3 y las estrategias para convertir pensamientos negativos en momentos de gratitud no son solo ejercicios, sino invitaciones a cambiar la narrativa de tu vida. Al adoptar estas prácticas, estás eligiendo conscientemente enfocarte en la abundancia y en los aspectos positivos que te rodean. Este cambio no solo transformará tu percepción, sino que también impactará la energía que proyectas al mundo.

Recuerda que la gratitud no requiere circunstancias perfectas para florecer. Es en los momentos ordinarios, y a veces difíciles, donde encuentra su mayor poder. Al comprometerte con estas prácticas diarias, estarás dando un paso hacia una vida más plena, conectada y alineada con tus valores más profundos.

La gratitud tiene el poder de transformar la forma en que percibes tu vida, desde las circunstancias más simples hasta los desafíos más complejos. Más que una práctica ocasional, la gratitud es una herramienta que puede reconfigurar tus pensamientos y abrirte a un estado de abundancia. En este apartado, exploraremos preguntas clave diseñadas para ayudarte a profundizar en esta práctica y conectar más intensamente con el flujo de energía positiva que la gratitud puede generar.

A menudo, los días se llenan de tareas, preocupaciones y expectativas. En medio de esta vorágine, la gratitud actúa como un ancla que nos recuerda lo que realmente importa. Practicarla no significa ignorar los desafíos o las emociones difíciles, sino redirigir tu atención hacia las bendiciones que a menudo pasamos por alto. Este cambio de enfoque tiene un impacto directo en tu vibración energética y, por ende, en las oportunidades que atraes a tu vida.

La gratitud nos invita a reconocer que incluso los momentos más pequeños tienen el potencial de nutrirnos y fortalecernos. Cuando agradeces, generas una resonancia interna que alinea tus pensamientos y emociones con una energía expansiva, permitiéndote atraer más de lo que deseas. Reflexionar sobre tus experiencias desde la gratitud no solo te conecta con el presente, sino que también te abre puertas hacia un futuro más pleno.

Las siguientes preguntas están diseñadas para ayudarte a explorar cómo la gratitud puede integrarse en diferentes áreas de tu vida. Responderlas no solo te permitirá identificar aspectos positivos que tal vez habías pasado por alto, también te ayudará a comprender cómo estas reflexiones pueden influir en tus acciones y decisiones diarias. Al responderlas, estás construyendo un puente entre tu estado actual y el estado de abundancia al que aspiras.

¿Qué cosas (elige tres) en mi vida actual me aportan alegría y cómo contribuyen a mi bienestar?

Reflexión: Este ejercicio te ayuda a identificar las fuentes de felicidad y a enfocarte en cómo estas contribuyen a tu equilibrio emocional y mental.

Ejemplo de respuesta: "Los paseos al aire libre me conectan con la naturaleza y me brindan calma; el tiempo con mi familia fortalece mi sentido de pertenencia; y mis proyectos creativos me inspiran a seguir creciendo."

¿Qué desafíos recientes han traído una lección valiosa a mi vida?

Reflexión: Los momentos difíciles no son un impedimento para la gratitud; son una oportunidad para crecer. Reconocer lo que aprendes de estas experiencias amplía tu capacidad de resiliencia.

Ejemplo de respuesta: "El conflicto en mi trabajo me enseñó a escuchar mejor y a encontrar soluciones desde la empatía."

¿Quiénes son las personas que han impactado positivamente mi vida y cómo puedo expresarles mi gratitud?

Reflexión: Este ejercicio fortalece las conexiones humanas y fomenta la reciprocidad emocional, creando relaciones más sólidas y significativas.

Ejemplo de respuesta: "Mis padres han sido un apoyo constante; escribiré una carta para agradecerles su amor incondicional."

¿Qué aspectos de mi cuerpo o salud puedo valorar hoy?

Reflexión: Reconocer la fortaleza y funcionalidad de tu cuerpo te ayuda a cultivar una relación más positiva contigo mismo.

Ejemplo de respuesta: "Agradezco la capacidad de moverme libremente y la habilidad para disfrutar del sabor de los alimentos."

¿Cómo puedo incorporar más momentos de gratitud en mi rutina diaria?

Reflexión: Crear un plan práctico para la gratitud asegura que esta se convierta en un hábito sostenible en tu vida.

Ejemplo de respuesta: "Voy a comenzar cada día escribiendo tres cosas por las cuales estoy agradecido y repetiré este ejercicio antes de dormir."

¿Cuáles son los logros personales de los que me siento más orgulloso y cómo puedo celebrarlos con gratitud?

Reflexión: Celebrar tus logros desde la gratitud te motiva a seguir avanzando, reconociendo tus esfuerzos y capacidades.

Ejemplo de respuesta: "Completé mi formación académica en circunstancias difíciles; voy a regalarme un día de descanso como forma de agradecerme por mi constancia."

¿Qué recuerdos felices me conectan con un sentido profundo de gratitud y cómo puedo revivir esos momentos?

Reflexión: Evocar recuerdos felices fortalece tu vibración positiva y te inspira a crear más momentos similares en el presente.

Ejemplo de respuesta: "Recuerdo las tardes en casa de mis abuelos; organizaré una reunión familiar para revivir esa alegría."

Responder estas preguntas no es un ejercicio superficial, es una oportunidad para reconectar con lo que realmente valoras y ayuda a expandir tu capacidad de crear abundancia. La gratitud amplía tu percepción del mundo, recordándote que siempre hay motivos para celebrar, incluso en los días más oscuros. Es una práctica que te invita a construir un estado interno de plenitud que se refleja en todas las áreas de tu vida.

Cada respuesta que escribes, cada momento de reflexión que dedicas, es un paso hacia la creación de una realidad más alineada con tus sueños y aspiraciones. La gratitud no solo transforma cómo te sientes en el presente; también actúa como un imán para atraer más experiencias positivas. A medida que profundizas en este ejercicio, notarás cómo tu energía cambia y cómo el universo responde a esta nueva vibración.

Dedica tiempo a estas preguntas y observa cómo, día a día, comienzas a experimentar una conexión más profunda contigo mismo, con los demás y con la abundancia que te rodea. El verdadero poder de la gratitud reside en su capacidad de abrir tu corazón y tu mente a un mundo lleno de posibilidades.

La gratitud es una puerta que te conecta con la abundancia, una fuerza transformadora que te invita a mirar la vida desde una perspectiva más amplia y consciente. Al integrar la gratitud en tu día a día, no solo reconoces las bendiciones que te rodean, también generas un cambio profundo en tu energía y en la manera en que experimentas la realidad.

Visualiza por un momento el impacto que podrías crear si eligieras vivir cada día con una actitud de gratitud. En lugar de enfocarte en lo que te falta o en lo que no salió como esperabas, podrías entrenar tu mente y tu corazón para encontrar el aprendizaje, el valor y las posibilidades en cada experiencia. Este cambio de perspectiva no es un acto trivial; es un compromiso profundo contigo mismo para ver lo extraordinario incluso en los detalles más cotidianos.

La gratitud tiene la capacidad de encender una chispa de transformación en cualquier momento. Cuando eliges agradecer, estás declarando al universo que estás listo para recibir más, que valoras lo que tienes y que confías en lo que está por venir. Esa energía de aprecio no solo afecta tu vibración, también inspira a quienes te rodean, creando un círculo expansivo de positivismo y crecimiento.

Hoy te desafío a tomar acción. No esperes al "momento perfecto" porque ese momento ya está aquí. Dedica los próximos siete días a practicar el Diario de Gratitud 3x3. Cada mañana, toma un instante para escribir tres cosas por las cuales te sientas profundamente agradecido. Hazlo con intención y conecta emocionalmente con cada pensamiento. Repite el ejercicio al final del día, reflexionando sobre lo que aprendiste y las bendiciones que reconociste.

Cuando enfrentes un desafío, haz una pausa y pregúntate: "¿Qué enseñanza está escondida aquí? ¿Cómo puedo transformar esta experiencia en algo valioso?" Agradece, incluso por las lecciones, porque ellas son el camino hacia tu crecimiento.

Recuerda, la gratitud no transforma tu vida de forma superficial; la transforma desde el centro de tu ser. Cada acto de agradecimiento fortalece la conexión contigo mismo, con los demás y con el flujo abundante del universo. La vida está llena de milagros esperando ser descubiertos. Hoy, tú puedes elegir verlos. La gratitud es tu herramienta y el cambio comienza ahora.

La gratitud te ha permitido abrir el corazón y ver el mundo lleno de posibilidades y abundancia. Ahora es momento de dar el siguiente paso: transformar esa energía en movimiento. Porque no basta con soñar, visualizar o agradecer; la verdadera magia ocurre cuando tomas acción consciente, cuando cada paso que das está alineado con tus intenciones más profundas y con la vida que deseas crear.

En el próximo capítulo, aprenderás a transformar tus intenciones en acciones que tienen poder, propósito y dirección. Descubrirás cómo actuar desde un estado de claridad y conexión puede cambiarlo todo, moviendo las piezas del universo a tu favor y acercándote a tus metas de formas que nunca antes imaginaste.

¿Estás listo para llevar tus sueños a la realidad con cada decisión y cada paso que tomes? El capítulo que sigue es una invitación a convertirte en el creador activo de tu destino. Es aquí donde la intención se convierte en movimiento, y el movimiento en transformación.

Parte III - Crea tu Nueva Realidad

Capítulo 7

La Acción Consciente

Hay un momento en la vida en el que te das cuenta de que desear, soñar y planificar no es suficiente. Por mucho que visualices tu realidad ideal, es la emoción y la acción que la acompaña lo que da forma a esos sueños, convirtiéndolos en una experiencia tangible. Pero no se trata de cualquier acción; la verdadera transformación viene de actuar con conciencia, desde un lugar alineado con tus valores, tus metas y tu esencia.

Detente un momento y pregúntate: ¿En qué nivel de conciencia estás operando ahora? Muchos vivimos en automático, reaccionando a las circunstancias sin darnos cuenta de que cada acción, por pequeña que sea, es una oportunidad para crear algo nuevo. Actuar desde la inercia nos mantiene atrapados en un ciclo de repetición, mientras que actuar con intención nos libera para construir el futuro que realmente deseamos.

En mi vida he tenido mil ideas de crear un negocio propio y siempre soñé con esa idea, pero que nunca parecía materializarse. Pasaba horas escribiendo planes, imaginando cómo sería mi vida si esos proyectos se hicieran realidad, pero nunca daba el primer paso. La frustración crecía, y con ella, la sensación de estar perdiendo el tiempo. Hasta que un día me di cuenta de algo fundamental: no avanzaba porque estaba esperando las circunstancias ideales, el "momento perfecto" que nunca llegaba.

149

Pero un día aparentemente ordinario, todo cambió. Me conecté tanto con la idea que tenía y seguí paso a paso todo lo que te he contado en este libro, hasta que mi visión clara y determinación me llevaron a conocer al mentor que me impulsó a tomar acción. Fue él quien me hizo entender que no era necesario que mi idea fuese perfecta para hacer realidad mis sueños, pues por años dejé inconclusa la realización de esa idea esperando a que todo fuese perfecto para continuar.

Decidí tomar acción aunque no tuviese todas las respuestas.

Comencé con pasos pequeños, como dedicar 30 minutos al día a un proyecto que me apasionaba profundamente. Esa pequeña decisión marcó el inicio de un cambio radical. Lo que antes parecía inalcanzable comenzó a tomar forma, no porque las circunstancias fueran diferentes, sino porque mi disposición para actuar había cambiado.

Por qué la acción sin intención no es suficiente

La acción consciente no se trata de hacer por hacer; se trata de actuar con intención. Cuando eliges moverte desde un lugar de claridad y propósito, cada paso que das se convierte en una declaración de quién eres y hacia dónde quieres ir. La acción consciente no es necesariamente grandiosa o espectacular; a menudo, son los actos más simples los que tienen el impacto más profundo.

Decidir escuchar sin juzgar, elegir el silencio en lugar de la reacción impulsiva, o dedicar unos minutos a reflexionar sobre tu dirección pueden transformar tu vida de maneras que no imaginas.

¿Cuántas veces has permitido que el miedo al fracaso, la duda o la comodidad de lo conocido te impidan actuar?

Ahora imagina lo que podría cambiar si eligieras dar un solo paso, hoy mismo, hacia lo que realmente deseas.

La acción consciente también requiere presencia. No es sólo hacer algo, sino estar plenamente involucrado en el acto. Cada acción tiene un impacto energético, y cuando actúas con intención, envías un mensaje al universo de que estás listo para recibir y crear. Este enfoque transforma la manera en que experimentas incluso las tareas más cotidianas, convirtiéndolas en oportunidades para fortalecer tu visión y elevar tu vibración.

Pregúntate ahora, ¿Qué acción podrías tomar hoy para acercarte a la vida que deseas? No tiene que ser un paso gigante; puede ser algo tan simple como escribir tus metas, llamar a alguien para pedir apoyo o tomarte cinco minutos para planificar tu próximo movimiento. Cada acción consciente crea un efecto dominó que impulsa tu realidad hacia un estado más alineado con tus sueños.

"No tienes que ver todo el camino, solo el siguiente paso. Cada acción consciente que tomas construye el camino hacia tu destino."

Este capítulo es una invitación a dejar de ser espectador de tu propia vida y convertirte en su protagonista activo. No importa cuán lejos parezca estar tu meta; lo importante es que cada paso que das con intención te acerca más a ella. Al final, la acción consciente no solo cambia lo que haces, sino quién eres en el proceso.

La acción consciente es el puente entre la visión y la realidad. Es el acto deliberado de moverte hacia tus objetivos con intención, claridad y alineación con tus valores más profundos. Sin acción, los sueños permanecen en el reino de las ideas, y la transformación que deseas nunca se materializa. Este capítulo profundizará en el significado de actuar conscientemente, cómo identificar los bloqueos que te impiden avanzar y las herramientas para integrar esta práctica en tu vida diaria.

La acción consciente no se trata solo de hacer más cosas o llenar tu agenda de actividades. Es un enfoque intencional que te invita a cuestionar el porqué de tus decisiones y cómo se alinean con tus metas y valores. Actuar conscientemente significa moverse con un propósito claro, asegurándote de que cada acción que tomas está en armonía con la vida que deseas crear.

Piensa en tus días recientes. ¿Cuántas de las acciones que realizaste fueron realmente intencionales? ¿Cuántas de ellas te acercaron a tus sueños, y cuántas fueron simplemente una reacción automática a las circunstancias?

La acción consciente te permite salir de ese ciclo reactivo y tomar las riendas de tu vida. Cada acción, no importa cuán pequeña sea, puede ser significativa si la realizas con intención.

Antes de poder actuar conscientemente, es importante reconocer los bloqueos que te impiden avanzar. Estos bloqueos pueden ser externos, como la falta de tiempo o recursos, pero más a menudo son internos, como el miedo, la duda o la procrastinación. Identificar estos bloqueos es el primer paso para superarlos.

Bloqueo 1: El miedo al fracaso

- De dónde viene: Este miedo suele originarse en experiencias pasadas, como un error significativo o críticas que recibiste y que marcaron tu percepción de lo que significa fallar. Además, la sociedad a menudo refuerza esta idea al glorificar el éxito como la única opción aceptable.

- Qué provoca:

Este miedo puede paralizarte, generando pensamientos como: "Si fallo, los demás pensarán que no soy suficiente" o "Es mejor no intentarlo que arriesgarme a fracasar". Como resultado, evitas tomar riesgos y permaneces en tu zona de confort.

- Tres claves para superarlo:

1. Redefine el fracaso: En lugar de verlo como un fin, considéralo una parte del proceso de aprendizaje. Cada error contiene una lección que te acerca al éxito.

2. Céntrate en el progreso, no en la perfección: Aprecia los pequeños avances en lugar de esperar resultados inmediatos.

3. Visualiza el éxito y el aprendizaje: Imagina no solo el éxito, sino también cómo manejarás los desafíos en el camino. Esto reduce el temor y te prepara mentalmente para cualquier resultado.

Bloqueo 2: La falta de claridad

- De dónde viene: Este bloqueo surge cuando no has definido claramente tus metas o no tienes una visión a largo plazo. También puede ser el resultado de demasiadas opciones disponibles, lo que genera parálisis por análisis.

- Qué provoca: La falta de claridad lleva a pensamientos como "No sé por dónde empezar" o "Todo parece igual de importante". Esto genera confusión y evita que tomes decisiones.

- Tres claves para superarlo:

1. Define tus prioridades: Escribe tus metas principales y clasifícalas según su importancia y urgencia.

2. Establece un plan de acción: Divide cada meta en pasos pequeños y específicos. Por ejemplo, si tu objetivo es aprender un nuevo idioma, comienza con 15 minutos diarios de práctica.

3. Acepta que no necesitas saberlo todo: Avanza con la información y los recursos que tienes ahora. La claridad aumenta a medida que tomas acción.

Bloqueo 3: La procrastinación

- De dónde viene: Este bloqueo a menudo está relacionado con el miedo al fracaso, la sobrecarga emocional o la falta de motivación. También puede ser una forma de evitar tareas que percibes como aburridas o difíciles.

- Qué provoca: Pensamientos como "Lo haré mañana" perpetúan ciclos de inacción que generan estrés y una sensación de insuficiencia.

- Tres claves para superarlo:

1. Aplica la regla de los dos minutos: Si una tarea te toma menos de dos minutos, hazla de inmediato. Este pequeño cambio crea impulso.

2. Crea un entorno libre de distracciones: Identifica y elimina los factores que interrumpen tu concentración, como las redes sociales.

3. Usa un temporizador: Trabaja en bloques de tiempo cortos, como 25 minutos, seguidos de un breve descanso. Este método, conocido como técnica Pomodoro, te ayuda a mantener el enfoque.

Bloqueo 4: El perfeccionismo

- De dónde viene: El perfeccionismo puede derivar de expectativas poco realistas impuestas por ti mismo o por otros. También puede estar relacionado con la necesidad de aprobación externa.

- Qué provoca: Pensamientos como "Si no puedo hacerlo perfectamente, mejor no lo hago" te detienen antes de comenzar.

- Tres claves para superarlo:

1. Acepta la imperfección como parte del crecimiento: Permítete aprender y mejorar sobre la marcha.

2. Establece plazos realistas: Limitar el tiempo para completar una tarea evita que te obsesiones con los detalles.

3. Practica la autocompasión: Habla contigo mismo con amabilidad y reconoce tus logros, por pequeños que sean.

Cómo alinear tus acciones con tus deseos más profundos

La acción consciente comienza con la intención. Antes de actuar, pregúntate: ¿Por qué estoy haciendo esto? ¿Cuál es el resultado que deseo lograr? Cuando defines una intención clara, le das dirección a tu energía y a tus esfuerzos. Esto no solo aumenta tus posibilidades de éxito, sino que también te ayuda a disfrutar más del proceso.

Una intención poderosa no surge de un deseo superficial, sino de una conexión profunda con tus valores y tu propósito. Por ejemplo, si tu intención es mejorar tu salud, no solo te enfoques en perder peso o ganar masa muscular. Conecta con cómo el cuidado de tu cuerpo refuerza tu autoestima, te da energía para perseguir tus sueños, y te permite disfrutar más del tiempo con tus seres queridos. Este nivel de profundidad da un significado mayor a tus acciones y te motiva a mantenerte constante.

La intención también actúa como un filtro que te ayuda a priorizar. En un mundo lleno de distracciones y demandas, es fácil quedar atrapado en actividades que no contribuyen a tus metas. Tener una intención clara te permite decir "no" a lo que no es relevante y enfocar tu tiempo y energía en lo que realmente importa.

Un aspecto importante de la intención es su capacidad de alinearte con tus emociones. Actuar sin una intención clara puede hacer que te sientas desconectado o insatisfecho, incluso si logras tus objetivos. En cambio, cuando actúas con intención, generas un sentimiento de congruencia interna que te ayuda a disfrutar del proceso y a mantenerte motivado. Este enfoque consciente también te da flexibilidad: si encuentras un obstáculo en tu camino, puedes adaptarte sin perder de vista tu dirección.

Finalmente, la intención no se limita a grandes decisiones o proyectos. Puede aplicarse a cada momento de tu día. Desde decidir cómo quieres empezar tu mañana hasta elegir qué tipo de interacción quieres tener con tus seres queridos, cada pequeña acción puede ser guiada por una intención consciente. Esto transforma incluso las actividades más cotidianas en oportunidades para vivir alineado con tus valores.

La acción consciente tiene el potencial de transformar profundamente tu vida. No se trata solo de completar tareas, sino de conectar tus acciones con tus valores y propósito. Cada decisión tomada desde la intención y la conciencia envía un mensaje claro al universo sobre quién eres, qué deseas y cómo estás dispuesto a avanzar. Este punto explora cómo la acción consciente afecta tu energía, tus relaciones y las oportunidades que atraes.

La acción consciente no sólo genera resultados externos; también transforma la energía que proyectas. Cada acción alineada con tus valores y metas emite una vibración coherente que resuena con lo que deseas atraer. Es como sintonizar el dial de una radio: cuando tu energía está sintonizada con claridad y propósito, comienzas a experimentar un flujo positivo en tu vida.

Por ejemplo, cuando trabajas en un proyecto con entusiasmo y confianza, es más probable que las personas y las oportunidades adecuadas aparezcan en tu camino. En contraste, si te mueves desde la duda o la obligación, esa energía puede generar bloqueos o resultados que no reflejan lo que realmente deseas.

La acción consciente no significa que todo sea perfecto o que esté libre de desafíos, pero sí te permite enfrentar las dificultades con una base sólida. Al actuar desde un lugar de claridad, tienes la capacidad de mantenerte enfocado incluso en medio de la incertidumbre.

Uno de los mayores aprendizajes en la acción consciente es soltar la necesidad de controlar cada detalle acerca de cómo se materializarán tus deseos. A menudo, nos enfocamos tanto en un camino específico que perdemos de vista otras formas en las que el universo puede entregar resultados. Actuar conscientemente significa confiar en el proceso y mantenerte abierto a lo inesperado.

Por ejemplo, puedes estar buscando un ascenso en tu trabajo y enfocarte en seguir un plan rígido para conseguirlo. Sin embargo, al soltar el control y continuar actuando desde tu intención, podrías recibir una oferta en otra empresa con mejores condiciones, algo que nunca habrías considerado inicialmente.

Claves para soltar el control del "cómo":

1. Enfócate en el "por qué" detrás de tus acciones: Cuando conectas con el propósito más profundo de lo que haces, es más fácil confiar en que los resultados llegarán de la mejor manera.

2. Acepta la incertidumbre como parte del camino: Permítete explorar lo desconocido y considera cada experiencia como una oportunidad de aprendizaje.

3. Céntrate en las acciones alineadas: En lugar de preocuparte por los resultados finales, pregúntate si las decisiones que tomas reflejan tus valores y objetivos.

La acción consciente también transforma tus interacciones con los demás. Cuando actúas conscientemente, tus relaciones se vuelven más auténticas y significativas porque estás presente, escuchando y respondiendo desde un lugar de empatía y alineación.

Por ejemplo, en lugar de reaccionar impulsivamente durante una discusión, la acción consciente te permite pausar, reflexionar sobre tus intenciones y responder con calma. Este enfoque no solo mejora la comunicación, sino que también fortalece la confianza y el respeto mutuo.

Claves para relaciones conscientes:

1. Práctica la escucha activa: Dedica tu atención completa a la otra persona, dejando de lado distracciones como el teléfono o tus propios pensamientos.

2. Actúa desde la empatía: Antes de responder, considera cómo te sentirías si estuvieras en el lugar del otro.

3. Establece intenciones claras para tus interacciones: Pregúntate qué tipo de energía deseas aportar a tus relaciones y deja que esa intención guíe tus acciones.

Cada acción consciente, por pequeña que sea, tiene un impacto acumulativo en tu vida. Es como plantar semillas: cada decisión intencional que tomas contribuye al crecimiento de tu visión a largo plazo. Aunque los resultados no siempre son inmediatos, la consistencia en tus acciones crea un efecto dominó que puede transformar tu realidad de maneras inesperadas.

Por ejemplo, si decides dedicar cinco minutos cada día a reflexionar sobre tus objetivos, esos pequeños momentos de claridad se traducirán en un mayor enfoque y motivación con el tiempo. Del mismo modo, practicar la gratitud diariamente puede cambiar la manera en que percibes tus logros y desafíos, creando un estado mental más positivo y receptivo.

Claves para aprovechar el efecto acumulativo:

1. Sé constante: No subestimes el poder de los pequeños pasos. La constancia es más importante que la perfección.

2. Celebra tus avances: Reconocer tus logros, por pequeños que sean, refuerza tu confianza y te motiva a seguir adelante.

3. Mantén una perspectiva a largo plazo: Recuerda que las acciones conscientes de hoy están construyendo el futuro que deseas.

La acción consciente no solo cambia tus resultados; también redefine cómo experimentas la vida. Al actuar con propósito y claridad, creas una vida en la que cada momento tiene significado. Esta práctica no elimina los desafíos, pero te da las herramientas para enfrentarlos desde un lugar de fortaleza interna y confianza en ti mismo.

Recuerda que cada acción que tomas es una oportunidad para reafirmar quién eres y qué valoras. Cuando eliges actuar conscientemente, estás decidiendo vivir de una manera que refleja tu autenticidad y tus sueños más profundos.

Finalmente, la acción consciente no es un destino, sino un proceso continuo. Vendrán días en los que te sientas completamente alineado con tus intenciones, y otros en los que será más difícil mantener ese enfoque. Ambos son valiosos, porque te ofrecen la oportunidad de aprender y crecer. Lo importante es seguir avanzando, un paso a la vez, con la confianza de que cada acción consciente te acerca más a la vida que deseas crear.

La acción consciente transforma vidas de formas poderosas, y hay historias que no solo inspiran, sino que demuestran cómo cada decisión intencionada puede ser el inicio de algo extraordinario. Hoy te invito a conocer a dos personas cuyas decisiones conscientes cambiaron el curso de sus vidas: Malala Yousafzai y Robert Downey Jr. No solo leerás sobre sus logros, sino también sobre las emociones, dudas y fuerzas internas que los llevaron a transformar sus historias.

Malala Yousafzai: La valentía de alzar la voz

Imagina ser una niña de 11 años, creciendo en un valle rodeado de montañas y ríos tranquilos. Pero este paraíso natural, que debería ser un lugar seguro para jugar y aprender, se convirtió en una prisión para las niñas de tu comunidad. Eso fue lo que vivió Malala Yousafzai. En el valle de Swat, Pakistán, el régimen talibán había tomado el control, prohibiendo que las niñas asistieran a la escuela y utilizando la violencia para imponer sus reglas.

Malala no podía aceptar eso. Desde pequeña, sentía una pasión inmensa por aprender, pasión alimentada por su padre, un hombre que creía en la educación como herramienta de cambio. Pero a esa edad, ¿qué podía hacer una niña contra un régimen armado? Podía elegir el silencio, como tantas otras, o podía actuar. Y decidió hablar.

Empezó escribiendo un blog para la BBC, compartiendo cómo era vivir bajo la represión talibán. Sus palabras eran honestas, poderosas y llenas de una valentía que desafiaba las normas impuestas. Pero no todo fue fácil. Había noches en las que Malala sentía miedo, preguntándose si sus acciones pondrían en peligro a su familia. Y, sin embargo, cada día elegía continuar.

El 9 de octubre de 2012, mientras regresaba a casa en un autobús escolar, un hombre armado subió y preguntó: "¿Quién es Malala?". Luego le disparó en la cabeza. Lo que siguió fue un milagro: Malala sobrevivió, pero su vida cambió para siempre. Durante su recuperación, enfrentó un dilema: ¿debería mantenerse en silencio por miedo a otro ataque, o debería continuar luchando por la educación de las niñas?

Eligió el camino más difícil. Usó su experiencia para crear un movimiento global que exige el acceso a la educación como un derecho humano básico. A los 17 años, se convirtió en la persona más joven en recibir el Premio Nobel de la Paz. Pero más allá de los premios, lo que más inspira de Malala es su elección diaria de actuar conscientemente, incluso cuando el miedo y la adversidad estaban presentes.

Tal vez no estás enfrentando un régimen opresor, pero todos lidiamos con decisiones que exigen valentía. ¿Qué pasaría si hoy eligieras hablar, actuar o avanzar hacia algo que realmente importa para ti, a pesar del miedo? Reflexiona: ¿Qué acción consciente podrías tomar para alzar tu voz?

Robert Downey Jr.: Reconstruyendo una vida desde las cenizas

¿Alguna vez has sentido que has tocado fondo? Que no importa lo que hagas, parece que nada mejora. Eso fue lo que vivió Robert Downey Jr., un hombre que, en un momento, lo tenía todo: éxito, talento y reconocimiento. Pero su vida estaba plagada de algo que no se veía en las portadas de las revistas: una lucha interna con la adicción que lo llevaba a sabotear cada oportunidad que se le presentaba.

Años de abuso de sustancias lo llevaron a múltiples arrestos, a ser despedido de proyectos importantes y, finalmente, a un punto en el que parecía que todo estaba perdido.

Imagínate estar en una celda, con la reputación destrozada y la sensación de que te has convertido en tu peor enemigo. Es un lugar oscuro al que nadie quiere llegar. Pero desde ese lugar, Robert tomó la decisión más importante de su vida: recuperar el control. No fue de la noche a la mañana, y no fue fácil.

Comenzó con pasos pequeños: admitir que necesitaba ayuda, rodearse de personas que creyeran en él y comprometerse a seguir un proceso de sanación. Un punto clave fue el apoyo de su esposa Susan, quien le dejó claro que para avanzar juntos, él debía comprometerse con su propia transformación. Sus días estaban llenos de tentaciones, pero cada decisión que tomaba, desde elegir ir a una terapia hasta rechazar una mala influencia, lo acercaba a una versión mejor de sí mismo.

En 2008, Marvel Studios decidió darle una oportunidad en el papel de Tony Stark. A pesar de las dudas de muchos, Robert se lanzó al proyecto con toda su energía. Usó sus experiencias personales para dar vida a un personaje que también luchaba con sus propios demonios y encontraba redención. Iron Man no solo relanzó su carrera, sino que lo convirtió en un símbolo de resiliencia y renacimiento.

Hoy, Robert Downey Jr. no solo es un ícono de Hollywood, sino también un defensor del bienestar y del medio ambiente. Su historia es un recordatorio de que incluso cuando todo parece perdido, siempre hay una oportunidad de elegir un camino diferente.

Todos enfrentamos momentos en los que sentimos que estamos atrapados en un ciclo que no podemos romper. Robert Downey Jr. nos enseña que la transformación es posible cuando tomamos decisiones conscientes, un día a la vez.

Reflexiona: ¿Qué ciclo podrías romper hoy con una pequeña acción?

Malala y Robert enfrentaron circunstancias completamente diferentes, pero ambos hicieron elecciones conscientes que no sólo transformaron sus vidas, sino también las de quienes los rodean. Ellos nos muestran que, sin importar dónde estés ahora, siempre tienes el poder de tomar una decisión que marque la diferencia.

Preguntate ahora:

1. ¿Qué acciones conscientes podrías tomar hoy para cambiar una situación que te frustra?

2. ¿Qué puedes aprender de los desafíos que enfrentas en este momento?

3. Si eligieras actuar desde un lugar de propósito, ¿cómo cambiaría tu vida?

Estas historias no son solo ejemplos de éxito; son recordatorios de que la acción consciente no requiere condiciones perfectas. Se trata de tomar una decisión aquí y ahora, incluso si el camino parece incierto. Tú también tienes el poder de transformar tu vida. La pregunta es: ¿Qué harás con ese poder?

La acción consciente tiene el poder de moldear tu vida más allá de las circunstancias externas. Este poder no surge de grandes gestos, sino de pequeñas decisiones tomadas con claridad, intención y propósito. Aquí exploraremos cómo transformar tus pensamientos y deseos en acciones concretas que reflejen quién eres y quién quieres llegar a ser. Esta herramienta no solo te proporcionará ejercicios prácticos, sino que también te mostrará el "por qué" y el "para qué" detrás de cada uno, para que te inspires a integrarlos en tu vida diaria.

Paso 1: Reconoce el poder de tus acciones

El primer paso para actuar conscientemente es aceptar que tus acciones tienen un impacto directo en tu realidad. Muchas veces sentimos que nuestras decisiones no son importantes o que estamos atrapados en un ciclo sin control. Pero esto es sólo una percepción limitada. Cada elección que haces, incluso la más pequeña, es un ladrillo en la construcción de tu vida.

Cuando reconoces el poder de tus acciones, recuperas el control sobre tu vida. Ya no eres un espectador, sino el creador activo de tu realidad. Este cambio de perspectiva te permite identificar oportunidades incluso en situaciones adversas.

Ejercicio: Observa tus patrones de acción

- Al final de cada día, dedica 10 minutos para reflexionar sobre las decisiones que tomaste:

¿Qué elecciones hiciste por impulso o inercia?

¿Cuáles tomaste desde la claridad y la intención?

- Identifica una acción positiva y consciente que realizaste y reflexiona sobre su impacto.

¿Qué aprendiste de esa decisión?

¿Cómo influyó en tu bienestar o en tus relaciones?

Este ejercicio te ayuda a ser más consciente de tus patrones de comportamiento y a identificar áreas en las que puedes mejorar. Reconocer las decisiones positivas te motiva a seguir actuando desde un lugar de claridad.

Paso 2: Define tus intenciones con claridad

Una acción sin intención es como un barco sin rumbo. La intención actúa como tu brújula interna, guiándote hacia acciones que están alineadas con tus valores y metas. Sin una intención clara, es fácil caer en la rutina o actuar desde el miedo y la reacción.

Definir tus intenciones te permite actuar desde un lugar de autenticidad. No se trata solo de lo que haces, sino del propósito detrás de cada acción. Una intención clara te da dirección y significado.

Ejercicio: Diario de Intenciones Profundas

- Cada mañana, antes de comenzar tu día, escribe tu intención principal.

Ejemplo: "Hoy quiero actuar con paciencia y empatía en mis conversaciones."

- Conecta esta intención con una emoción positiva. Pregúntate:

¿Cómo quiero sentirme al final del día?

¿Qué impacto quiero generar en los demás?

- Durante el día, revisa tu intención antes de tomar decisiones importantes.

Este ejercicio te ayuda a mantenerte enfocado y alineado con tus metas. También reduce la probabilidad de que actúes por impulso o desde el miedo, ya que cada decisión estará guiada por un propósito claro.

Paso 3: Actúa a pesar de las circunstancias

Las circunstancias externas pueden parecer abrumadoras, pero no tienen más poder que el que les otorgas. Este paso te invita a cambiar la narrativa: en lugar de reaccionar ante lo que sucede, elige responder desde tu intención. Son tus acciones, no tus circunstancias, las que definen tu realidad.

Cuando te centras en lo que puedes controlar, recuperas tu poder personal. Aprendes a utilizar las circunstancias como una plataforma para el crecimiento en lugar de verlas como barreras.

Ejercicio: Reenfoca tu perspectiva y actúa

- Cuando enfrentes un desafío, detente y pregúntate:

¿Qué puedo controlar en esta situación?

¿Qué pequeña acción puedo tomar ahora mismo para avanzar?

- Haz una lista de tres posibles acciones conscientes y elige una para ejecutar de inmediato.

Ejemplo: Si tienes un conflicto en el trabajo, podrías:

- Tener una conversación honesta con la persona involucrada.
- Revaluar tu enfoque y buscar soluciones creativas.
- Pedir ayuda o consejo a un mentor.

Este ejercicio te ayuda a recordar que siempre tienes opciones, incluso cuando las circunstancias parecen limitantes. Además, te entrena para responder desde un lugar de poder y claridad.

Paso 4: Convierte pensamientos negativos en impulsores de acción

Los pensamientos negativos suelen ser el mayor obstáculo para actuar conscientemente. Este paso te invita a transformar esos pensamientos en aliados, utilizándolos como señales de lo que necesita atención o cambio.

Cuando aprendes a identificar y a redirigir pensamientos negativos, liberas energía para actuar desde un lugar de confianza y empoderamiento. Esto no solo mejora tus acciones, sino también tu estado emocional.

Ejercicio: Redirección de pensamientos negativos

- Identifica un pensamiento limitante que estés experimentando. Ejemplo: "Nunca soy suficiente."

- Reformula el pensamiento en una afirmación empoderadora. Ejemplo: "Tengo el poder de aprender y mejorar cada día."

- Realiza una acción que respalde tu nueva afirmación. Ejemplo: Si sientes inseguridad sobre una habilidad, dedícale 15 minutos a aprender o practicar algo relacionado con ella.

Este ejercicio te ayuda a entrenar tu mente para enfocarse en soluciones y posibilidades en lugar de obstáculos. Cada acción refuerza tu confianza y te acerca más a tus metas.

Paso 5: Reflexión y mantenimiento de la acción consciente.

La acción consciente no es un evento único; es un hábito que se construye con práctica constante. Este paso final te ayudará a integrar esta práctica en tu vida diaria.

Ejercicio Planificación consciente diaria

Rutina diaria de acción consciente

1. Comienza tu día definiendo una acción consciente que te acerque a tu meta principal.

Ejemplo: "Hoy dedicaré 30 minutos a planificar un proyecto importante."

2. Al final del día, reflexiona:
- ¿Qué aprendí de mis acciones hoy?

- ¿Qué puedo hacer mejor mañana?

Este ejercicio refuerza el hábito de actuar con intención, permitiéndote evaluar tu progreso y ajustar tus decisiones según sea necesario.

Recuerda: *"Tus acciones son más fuertes que tus circunstancias"*

Tu vida no está definida por lo que te sucede, sino por cómo eliges responder. Cada acción consciente que tomas es una declaración de tu poder personal y una afirmación de que estás comprometido con crear la vida que deseas. No importa cuán pequeña parezca una acción, su impacto puede ser inmenso cuando se toma con claridad y propósito.

Hoy es el mejor día para comenzar. Recuerda que cada paso cuenta y que al actuar conscientemente, estás construyendo un puente hacia la vida que siempre has deseado. ¿Qué acción consciente elegirás tomar hoy?

La acción consciente no es solo un ideal, es una práctica diaria que transforma nuestra relación con nosotros mismos y con el mundo que nos rodea. Este apartado está diseñado para que profundices en las lecciones del capítulo, reflexionando sobre tus patrones de acción y tomando decisiones intencionales que te acerquen a la vida que deseas. Cada pregunta incluye ejemplos y ejercicios prácticos que te ayudarán a integrar estos conceptos en tu vida.

Es fácil pasar por alto el impacto de nuestras acciones diarias, especialmente cuando estamos atrapados en la rutina o enfrentando desafíos. Sin embargo, cada decisión que tomamos, por pequeña que parezca, tiene el potencial de acercarnos o alejarnos de nuestras metas. Reflexionar sobre estas elecciones no solo te ayuda a identificar áreas de mejora, sino que también fortalece tu confianza en tu capacidad para actuar con intención.

Imagina que cada acción es una semilla que plantas en el jardín de tu vida. Algunas semillas darán frutos inmediatos, mientras que otras requerirán tiempo y cuidado. Pero todas, sin excepción, contribuyen a la cosecha final. Este momento de reflexión es una invitación a observar qué tipo de semillas estás plantando y cómo puedes alinear tus acciones con tus valores y sueños.

Ejercicio introspectivo

Hazte estas preguntas

1.   ¿Qué acciones en tu vida actual reflejan tus valores más profundos?

Ejemplo: "Dedico tiempo cada noche a leer con mis hijos porque valoro la conexión familiar y quiero que crezcan con amor por el aprendizaje. También, cada semana dedico un momento para llamar a mis padres, ya que aprecio el vínculo con ellos y sé que esas conversaciones fortalecen nuestra relación."

Piensa en las áreas de tu vida donde ya estás actuando desde tus valores. Reconocer estas acciones te dará un sentido de logro y te motivará a expandir ese enfoque consciente a otras áreas.

2.   ¿Qué áreas de tu vida necesitan más intención y claridad?

Ejemplo: "En mi carrera, a menudo doy prioridad a tareas urgentes en lugar de trabajar en proyectos que realmente me apasionan. Esto me lleva a sentirme insatisfecho, pero sé que puedo dedicar al menos 30 minutos diarios a avanzar en esos proyectos que reflejan mi verdadero propósito."

Identificar las áreas que necesitan más intención te permitirá ver dónde estás actuando por inercia. Pregúntate: ¿Qué resultado quiero ver aquí? ¿Qué pequeño paso puedo dar para comenzar a cambiarlo?

3. ¿Qué pensamientos limitantes podrían estar frenando tus acciones conscientes?

Ejemplo: "A menudo pienso que no tengo tiempo suficiente para cuidar de mi salud, pero al analizarlo, me doy cuenta de que paso al menos una hora al día en las redes sociales. Puedo usar parte de ese tiempo para hacer ejercicio o preparar comidas saludables."

Nuestros pensamientos crean nuestras limitaciones, pero también contienen pistas sobre lo que valoramos. Al reformularlos, puedes transformar barreras mentales en oportunidades de crecimiento.

4. ¿Cómo podrías redefinir un desafío actual como una oportunidad para actuar conscientemente?

Ejemplo: "Estoy teniendo dificultades con mi jefe, y mi reacción automática ha sido evitarlo. Pero al reflexionar, veo que puedo aprovechar esta situación para practicar la comunicación asertiva. Puedo pedir una reunión para expresar mis inquietudes y buscar soluciones."

Cada desafío que enfrentas tiene una lección oculta. Pregúntate: ¿Qué puedo aprender de esta experiencia? ¿Cómo puedo usarla para fortalecer mi capacidad de actuar con propósito?

171

5. Si pudieras hacer una acción consciente hoy que impacte positivamente en tu vida, ¿cuál sería?

Ejemplo: "Hoy, decidiré pasar 15 minutos meditando para conectar conmigo mismo y centrarme antes de empezar el día. Sé que esto mejorará mi claridad mental y mi estado emocional."

No subestimes el poder de una sola acción. Incluso un pequeño paso, tomado con intención, puede generar un cambio significativo en tu energía y enfoque.

Estas preguntas no están diseñadas para ser respondidas rápidamente; son invitaciones a explorar lo que verdaderamente importa para ti. Al responderlas, permite que tus respuestas sean sinceras y reflexivas, incluso si a veces revelan áreas que necesitan trabajo.

Ampliación de reflexiones:

Cada acción consciente que tomas, refuerza tu compromiso contigo mismo. Si una pregunta te resulta incómoda, pregúntate por qué. Es en esos momentos de incomodidad donde se encuentran las mayores oportunidades de transformación.

Observa patrones en tus respuestas. Por ejemplo, ¿notas que tiendes a postergar en ciertas áreas de tu vida? Esto puede ser una señal de que necesitas ajustar tus prioridades o liberar los miedos que te están deteniendo.

El propósito de estas preguntas es ayudarte a comprender que la vida no se trata de esperar a que las circunstancias cambien, sino de tomar decisiones que reflejen lo que realmente deseas. Cada acción consciente que eliges es un paso hacia la vida que estás creando. Es una declaración de que tú tienes el poder de moldear tu realidad, no importa dónde comiences o cuáles sean los desafíos.

Reflexión: Cada paso cuenta en el camino hacia tus sueños

No subestimes el impacto de tus acciones. Cada decisión que tomas con intención es una semilla de cambio. Reflexiona, actúa y recuerda que este es tu momento para avanzar hacia la vida que siempre has deseado. ¿Qué paso consciente darás hoy para transformar tu historia?

En este capítulo has explorado el poder transformador de la acción consciente: cómo cada decisión intencionada tiene el potencial de cambiar no sólo tu percepción, sino también tu realidad.

Actuar conscientemente significa alinear lo que piensas, sientes y haces con tus valores y objetivos más profundos. Es un acto de coherencia entre tu interior y el mundo que deseas construir.

La acción consciente no es una práctica reservada para momentos extraordinarios; es la herramienta que tienes a tu disposición en cada instante para redirigir tu vida hacia la abundancia y el propósito. Cada pequeña acción es una pieza que modifica la estructura de la realidad en la que vives, acercándote más a tus sueños y abriendo puertas que antes parecían cerradas.

Piensa por un momento en cómo tus acciones se entrelazan con el mundo que te rodea. Cada elección consciente, por pequeña que sea, crea ondas que se expanden más allá de lo que puedes ver. Imagina tus acciones como gotas de agua cayendo en un lago tranquilo. Aunque la gota parezca insignificante, las ondas que genera llegan a cada rincón del agua, transformando su superficie. Así es tu vida: cada paso intencionado crea un impacto que resuena en tu entorno y eventualmente, regresa a ti.

La abundancia no es solo un destino; es una frecuencia a la que accedes cuando tus pensamientos, emociones y acciones están alineados. Cada acción consciente que tomas refuerza esa frecuencia, demostrando que estás listo para recibir más de lo que la vida tiene para ofrecerte. No se trata solo de lo que haces, sino de la energía con la que lo haces. Una acción desde la claridad y el amor tiene más impacto que mil acciones tomadas desde el miedo o la duda.

"La abundancia comienza cuando eliges actuar desde la coherencia entre lo que crees, lo que sientes y lo que haces. Tus acciones son el puente que conecta tu intención con la realidad que deseas crear."

Ahora es el momento de llevar este conocimiento a la práctica. La acción consciente no sólo transforma tu percepción, también abre puertas a nuevas posibilidades. Aquí tienes un ejercicio para integrar estas ideas en tu día a día:

Ejercicio de Coherencia y Abundancia: Una Semana de Acción Consciente

Día 1: Reflexiona sobre tus intenciones.

Antes de comenzar tu día, pregúntate:

- ¿Qué quiero manifestar hoy?
- ¿Qué acción puedo tomar que sea coherente con ese deseo?

Ejemplo: Si deseas más abundancia financiera, una acción coherente podría ser revisar tus finanzas con claridad, identificar oportunidades o invertir tiempo en aprender algo que potencie tus habilidades.

Día 2: Observa tu energía al actuar.

Cuando tomes una decisión, pregúntate:

- ¿Estoy actuando desde el miedo, o desde la confianza?
- ¿Cómo puedo transformar esta acción en un reflejo de mi abundancia interior?

Días 3 al 5: Sé consciente de las señales.

A lo largo de estos días, presta atención a las pequeñas señales y oportunidades que surgen. Reflexiona al final del día:

- ¿Qué resultados generaron mis acciones?
- ¿Cómo me siento al ver los cambios, por pequeños que sean?

Día 6: Celebra tus logros.

Tómate un momento para reconocer cada paso que diste durante la semana. Agradece por los resultados, incluso si parecen mínimos, sabiendo que cada acción consciente está construyendo algo más grande.

Día 7: Integra la práctica.

Revisa tus intenciones y ajusta tus acciones para seguir avanzando hacia la vida que deseas. Pregúntate:

- ¿Qué puedo mejorar?
- ¿Qué nueva acción puedo tomar esta semana para seguir expandiendo mi realidad?

Recuerda: "Tus Acciones Construyen Tu Realidad"

Cada vez que eliges actuar conscientemente, estás reclamando tu poder. Estás declarando que no eres víctima de las circunstancias, sino eres creador de tu destino. Tus acciones no solo te acercan a tus metas, sino que también transforman el espacio a tu alrededor, invitando más abundancia, claridad y propósito a tu vida.

La acción consciente es un recordatorio de que la coherencia entre lo que piensas, sientes y haces crea un flujo constante de energía que se traduce en resultados tangibles. No importa qué tan pequeño sea el paso, lo importante es que esté alineado con tu intención. Cada acción es un voto a favor de la vida que deseas construir.

"Tus acciones son el reflejo de tu confianza en la abundancia del universo. Con cada paso intencionado, estás abriendo las puertas a oportunidades que antes ni siquiera imaginabas."

Hoy tienes la oportunidad de elegir. No importa dónde te encuentres, siempre puedes dar un paso consciente hacia la vida que deseas. No esperes al momento perfecto ni busques garantías externas. Elige actuar desde tu interior, desde tu poder, sabiendo que cada acción que tomas es una semilla de transformación.

¿Qué acción consciente tomarás hoy para honrar tu intención y acercarte a la vida extraordinaria que mereces?

La acción consciente es el motor que impulsa tus sueños hacia la realidad. Pero ¿qué sucede cuando esa acción está guiada por una intención clara y poderosa? Es ahí, donde el verdadero diseño de tu vida comienza. Porque no se trata solo de moverse, sino de hacerlo con propósito, con una visión que dirija cada paso hacia la creación de la vida que anhelas.

En el próximo capítulo, descubrirás cómo convertirte en el arquitecto de tu realidad, utilizando la intención como tu brújula. Aprenderás a enfocar tu energía en lo que realmente importa, a soltar el control de los detalles y a confiar en que el universo trabaja contigo para manifestar lo que está alineado con tu esencia.

¿Estás listo para diseñar la vida de tus sueños con intención y claridad? Lo que viene a continuación no solo te inspirará, sino que te dará las herramientas para tomar las riendas de tu realidad y crear desde un lugar de propósito y conexión. Este es el momento de convertir tu visión en un plan.

Capítulo 8

Diseña tu Realidad con Intención

Cuando me hice consciente de que mis intenciones moldean mi realidad, me di cuenta que a lo largo de mi vida, hubo una etapa en la que sentí que todo se movía sin que yo tuviera control alguno. Fui empleada durante muchos años teniendo el deseo de tener mi propio negocio, pero al no tomar acción coherente y consciente simplemente las semanas pasaban, los meses se acumulaban, y aunque intentaba avanzar, parecía que todo lo que hacía me mantenía en el mismo lugar. Sentía que mi vida estaba atrapada en un bucle, un ciclo interminable donde las mismas situaciones y emociones se repetían una y otra vez. Durante mucho tiempo pensé que simplemente era "mi realidad" y que lo único que podía hacer era aceptarla.

Sin embargo, a través de experiencias, lecciones y muchas reflexiones, fui descubriendo algo que cambió mi manera de vivir: cada pensamiento, cada intención y cada acción están "creando", incluso cuando los resultados no son visibles de inmediato.

No fue un instante de revelación, fue un proceso. Un día, tras otro, comencé a notar patrones en mi vida. Las emociones que sostenía por largos periodos parecían repetirse en mis circunstancias. Si me sentía frustrada, las situaciones que enfrentaba parecían aumentar esa frustración. Si me sentía agradecida, las cosas parecían fluir fácilmente. Fue entonces cuando comencé a preguntarme: ¿es posible que lo que pienso y lo que siento está moldeando lo que experimento?

Mi mente se resistía. Me decía que eran coincidencias, que las cosas "simplemente pasan". Pero a medida que observaba con mayor detenimiento, encontré algo fascinante: las veces que actuaba desde la claridad, con una intención genuina, los resultados eran diferentes. No siempre inmediatos, no siempre evidentes, pero siempre había un cambio, una apertura, un movimiento. Fue como entender que la vida no es estática, sino un flujo constante que responde a lo que enviamos al mundo, incluso si no lo notamos al instante.

Uno de los conceptos más transformadores que aprendí en este proceso es la *ilusión del tiempo*. A menudo, vivimos obsesionados con los resultados inmediatos: queremos que nuestras acciones den frutos al instante. Pero el tiempo, como lo percibimos, es solo una herramienta que nos ayuda a medir nuestra experiencia en este plano. En realidad, cada pensamiento, cada intención y cada acción están creando una realidad y aunque no podamos verla todavía, está tomando forma.

Imagina que tus intenciones y acciones son como un artista que traza las líneas iniciales de un cuadro. Puede que al principio no entiendas lo que estás viendo; parecen líneas sin sentido. Pero a medida que el artista sigue trabajando, la imagen comienza a revelarse. Así es nuestra vida. Las acciones conscientes que tomamos hoy son los trazos que, con el tiempo, forman el cuadro completo de nuestra realidad. Cada decisión, cada paso, importa, incluso cuando no vemos el resultado de inmediato.

Cuando descubrí el poder de la intención comencé a hacer un ejercicio muy simple: todas las mañanas me tomaba un momento para escribir lo que realmente quería experimentar ese día. No era una lista de tareas, sino de intenciones puras, como: *"Quiero sentirme en paz"*, *"Quiero encontrar soluciones creativas", "Quiero acercarme un poco más a mi propósito".*

Al principio, parecía algo pequeño e insignificante, pero lo hacía con constancia. Lo que comenzó a suceder fue sutil pero poderoso: empezaron a llegar ideas, personas, mentores, situaciones y oportunidades que reflejaban esas intenciones. No todo cambió de la noche a la mañana, pero día tras día, mi realidad empezó a transformarse. No porque las circunstancias fueran diferentes, sino porque yo estaba *creando conscientemente* desde un lugar de claridad y propósito.

Y tú,¿Qué Estás Creando Ahora?

Tómate un momento para reflexionar sobre esto: ¿qué estás creando en este instante? Cada pensamiento que sostienes, cada emoción que eliges alimentar y cada acción que decides tomar, están construyendo algo en tu vida. Incluso la aparente inacción es una elección. ¿Estás creando desde la intención o desde la inercia? ¿Estás diseñando un camino alineado con lo que realmente deseas o simplemente reaccionando a lo que sucede a tu alrededor?

Vivir con intención no significa tener todo resuelto ni controlar cada aspecto de la vida. Significa tomar decisiones conscientes que estén alineadas con tus valores y tus sueños. Significa entender que, aunque no veas resultados inmediatos, cada acción está moviendo algo en el universo. Es confiar en que la energía que pones en el mundo regresará a ti de formas inesperadas y maravillosas.

Cuando eliges diseñar tu realidad con intención, dejas de ser un espectador pasivo y te conviertes en el creador activo de tu vida. Dejas de ser una víctima de las circunstancias y comienzas a usar cada momento, cada decisión, como una oportunidad para moldear tu experiencia.

"Tu vida es el resultado de tus pensamientos, tus intenciones y tus acciones. Diseñar una vida con propósito es el mayor acto de amor hacia ti mismo."

Este capítulo te llevará a explorar cómo establecer intenciones claras, superar los bloqueos internos y alinear cada acción con lo que realmente deseas.

Recuerda que cada paso que das, por pequeño que parezca, tiene un impacto. Este es tu momento de crear, no desde el miedo o la duda, sino desde la confianza de que tú tienes el poder de diseñar una realidad que refleje lo mejor de ti.

Tu vida es una obra en constante creación, una danza entre lo que sueñas y lo que decides hacer para manifestarlo. Diseñar tu realidad con intención no se trata solo de alcanzar metas o seguir un plan estructurado. Es mucho más profundo. Es la práctica de alinear tu mente, tu corazón y tus acciones con la verdad de tu alma. Es elegir vivir con propósito, honrando lo que realmente importa, mientras permites que el universo haga su parte para guiarte hacia lo que necesitas, incluso si no es exactamente lo que imaginaste.

Este capítulo es una invitación a que tomes el lápiz de tu vida y dibujes conscientemente lo que quieres experimentar. Al mismo tiempo, es una llamada a que sueltes el control excesivo, a que confíes en que la vida también sabe el camino, y a que aprendas a leer las señales que constantemente te envía el universo. No es solo una estrategia para lograr objetivos; es un compromiso de vida con lo que realmente te llena y expande.

A lo largo de nuestra vida, nos enseñan a fijar metas y trabajar duro para alcanzarlas. Pero, ¿cuántas veces esas metas provienen de expectativas externas y no de nuestra verdad interior?

Diseñar tu realidad con intención no significa encajar en moldes impuestos ni seguir un guión ajeno. Significa escuchar la voz de tu alma y tomar decisiones que estén alineadas con tu propósito más profundo.

El problema surge cuando confundimos intención con control. Queremos que todo suceda exactamente como lo planeamos, sin dejar espacio para lo inesperado, para los giros que la vida nos propone. Pero aquí está la verdad: el alma no necesita controlarlo todo. Lo que necesita es claridad, dirección y confianza en que cada paso, incluso los que parecen desviados nos llevan a donde realmente debemos estar.

La intención desde el alma es como plantar una semilla con amor y cuidado, sabiendo que crecerá en el momento perfecto y de la forma más adecuada, aunque no podamos controlar cada etapa del proceso.

El universo nos habla constantemente, pero estamos tan inmersos en nuestras expectativas que muchas veces no escuchamos. Tal vez insistes en un camino que parece no avanzar, o te aferras a algo que claramente ya no te sirve. Estas señales no son fracasos ni rechazos; son invitaciones a ajustar tu rumbo y a abrirte a posibilidades que quizás no habías considerado.

Cómo leer las señales del alma:

Cuando algo no fluye: En lugar de sentirte frustrado, detente y reflexiona. Pregúntate: "¿Estoy actuando desde mi ego o desde mi esencia? ¿Es esto lo que realmente quiero o lo que creo que debería querer?"

Cuando sientes resistencia interna: La incomodidad a menudo es un llamado a mirar más profundamente dentro de ti. Pregúntate: "¿Qué emoción o creencia está detrás de esta resistencia? ¿Qué me está enseñando?"

Cuando aparecen oportunidades inesperadas: A veces, lo que parece un desvío es en realidad una invitación a explorar algo más alineado con tu propósito.

Piensa en las veces que algo no salió como esperabas, solo para descubrir más adelante que fue lo mejor que pudo haberte pasado. Tal vez, una relación que terminó te abrió las puertas a un amor más profundo, o un proyecto que no funcionó te llevó a algo mucho más gratificante.

Intención y Capricho: ¿Desde dónde estás creando?

El alma tiene un propósito claro, pero el ego muchas veces interfiere con deseos que están motivados por el miedo, la validación externa o la comparación. Aprender a diferenciar entre una intención genuina y un capricho del ego es clave para crear una realidad que realmente te nutra.

¿Cómo saber si tu intención viene del alma?

1. *Se siente expansiva:* Una intención auténtica genera emoción, claridad y conexión con algo más grande que tú.
2. *Es coherente con tus valores:* Está alineada con lo que realmente importa en tu vida, no con lo que otros esperan de ti.

3. *No depende del resultado externo:* Es un compromiso contigo mismo, independientemente de cómo se manifiesten las cosas.

Pregúntate: ¿Este deseo proviene de mi necesidad de demostrar algo o realmente refleja lo que quiero experimentar en mi vida? Las intenciones genuinas no buscan complacer al mundo, sino honrar tu verdad interior.

Soltar el "Cómo" para Confiar en el Proceso

Una de las lecciones más profundas al diseñar tu realidad es aprender a soltar el control sobre el "cómo". Muchas veces, limitamos nuestras posibilidades al insistir en que las cosas deben suceder de cierta manera. Pero la vida, guiada por una inteligencia superior, tiene formas de sorprendernos con caminos que nunca hubiésemos imaginado.

Supongamos que tienes la intención de crear estabilidad financiera. En tu mente, esta estabilidad sólo puede venir a través de un ascenso en tu trabajo actual. Pero, tras meses de intentarlo sin éxito, surge la oportunidad de iniciar un proyecto independiente que nunca habías considerado. Al principio, sientes incertidumbre, pero decides seguir esa intuición, y con el tiempo descubres que esta nueva vía no solo te da estabilidad, sino también libertad y propósito.

Cuando sueltas el "cómo", permites que la vida te muestre formas más creativas y efectivas de alcanzar lo que realmente necesitas. Esto no significa que dejes de actuar, sino que actúes con apertura y confianza.

La intención como brújula para tus decisiones

Diseñar tu realidad con intención requiere una profunda coherencia entre lo que piensas, sientes y haces. La incoherencia, por otro lado, crea confusión y resistencia en el proceso de manifestación. Imagina que quieres atraer relaciones auténticas, pero actúas desde la superficialidad o el miedo al rechazo. La desconexión entre tu intención y tus acciones hace que sea difícil alcanzar tus metas.

Cómo cultivar la coherencia:

1. Revisita tus intenciones regularmente: Pregúntate si todavía reflejan lo que realmente deseas.

2. Alinea tus acciones con tus valores: Si algo no se siente auténtico, es probable que no esté alineado con tu intención.

3. Confía en tus emociones: Las emociones son un indicador clave de si estás en coherencia. Si algo te genera paz y entusiasmo, probablemente está alineado con tu verdad.

Diseñar tu realidad no es un evento único, ni un plan que se sigue al pie de la letra. Es un compromiso diario con tu alma, una práctica constante de elegir conscientemente tus pensamientos, intenciones y acciones. Pero, al mismo tiempo, es un acto de humildad y apertura. No siempre sabrás el camino exacto, y eso está bien. Lo importante es confiar en que cada paso que das, por pequeño que sea, está moldeando una realidad que refleja lo mejor de ti.

"No siempre recibirás lo que deseas, pero siempre recibirás lo que necesitas para evolucionar."

Cuando vives desde este lugar, incluso los desafíos se convierten en maestros, y los retrasos en oportunidades para reflexionar y ajustar tu rumbo. Diseñar tu realidad con intención es mucho más que alcanzar metas; es un acto de amor propio, una invitación a conectar con tu esencia y a crear desde un lugar de abundancia y propósito.

¿Estás listo para tomar el control de tu vida con claridad, acción y confianza? El siguiente paso está en tus manos, y cada elección que hagas desde la intención, es un paso más hacia la realidad extraordinaria que mereces vivir.

Diseñar tu realidad con intención no es una idea reservada para quienes tienen todo a su favor. Es un proceso que cualquier persona puede iniciar, independientemente de su punto de partida. Las historias de Viola Davis y Elizabeth Gilbert son pruebas vivas de cómo la intención clara, las acciones conscientes y la apertura para adaptarse pueden llevarte a lugares que nunca imaginaste. Aquí exploramos sus transformaciones con mayor profundidad, con el propósito de inspirarte a tomar las riendas de tu propia vida.

Viola Davis: De la escasez al escenario más grande del mundo

Viola Davis nació en un pequeño pueblo de Carolina del Sur en el seno de una familia afroamericana extremadamente pobre. Sus primeros años estuvieron marcados por el hambre, el frío y el constante recordatorio de las barreras sociales y económicas que la rodeaban. "Había días en los que solo soñábamos con tener suficiente comida para no sentir dolor", recordó en una entrevista. A menudo, ella y sus hermanos buscaban entre la basura para encontrar algo que comer.

Pero lo que hacía a Viola diferente era su poderosa imaginación. A pesar de su entorno, podía visualizar una vida diferente. Cuando veía películas en una pequeña televisión de segunda mano que su familia tenía, no sólo admiraba a los actores, se veía a sí misma en esas historias.

187

"No quería ser invisible", dijo. "Quería que alguien me viera realmente y pensara que yo también tenía algo que ofrecer."

En la escuela, un profesor notó su habilidad natural para el teatro y le animó a audicionar para una obra local. Aunque nerviosa, Viola aceptó, y fue en ese escenario donde sintió por primera vez lo que significaba ser libre. La actuación le dio un propósito, una salida para expresar todo lo que llevaba dentro y una forma de imaginar un futuro diferente.

Sin embargo, el camino no fue fácil. Al mudarse a Nueva York para perseguir una carrera profesional, enfrentó años de rechazo. Le dijeron que era "demasiado oscura", "demasiado seria" o que "no encajaba en los estándares de belleza de Hollywood". Cada rechazo era un golpe, pero no un final. "Cada vez que escuchaba un 'no', me decía a mí misma: 'Eso no define quién soy. Mi trabajo es seguir adelante.'"

Eventualmente, su perseverancia la llevó a ganar papeles que mostraron al mundo su talento único. Con su actuación en *Doubt* y luego en *Fences*, demostró que no solo podía estar en el escenario más grande del mundo, sino que merecía estar allí. En su discurso de aceptación del Premio de la Academia, dijo: "Yo quería contar historias. Quería ser una voz para los que viven en la pobreza, en la exclusión, en la invisibilidad. Y aquí estoy."

La historia de Viola Davis nos recuerda que no importa cuán grande sea la adversidad, cuando actúas con intención y perseverancia, puedes transformar tu vida y convertirte en una inspiración para los demás.

Elizabeth Gilbert: Redescubriendo la vida desde el vacío

Elizabeth Gilbert no siempre fue la exitosa autora que millones de personas conocen hoy. Antes de que su libro *Eat, Pray, Love* cambiara su vida y la de tantas otras personas, Elizabeth estaba sumida en una profunda crisis personal y emocional. Había llegado a un punto en el que todo lo que había construido parecía derrumbarse: su matrimonio, su sentido del propósito, y la conexión consigo misma. Cada día era un recordatorio de que aunque aparentemente tenía todo lo que se suponía que debía hacerla feliz, el vacío interno era abrumador.

Una noche, en el momento más oscuro de su vida, se encontró llorando en el suelo del baño de su casa. "No puedo seguir así", se repetía una y otra vez, sintiendo que su vida había llegado a un callejón sin salida. En medio de su desesperación, Elizabeth tuvo una conversación consigo misma que marcaría el comienzo de su transformación. "Si esta es mi vida, ¿cómo puedo construir algo que realmente me dé paz, alegría y propósito?" La pregunta no era solo un grito de ayuda; era una intención clara de encontrar una nueva dirección, aunque en ese momento no sabía cómo ni dónde comenzar.

El viaje que transformó su vida

Elizabeth tomó una decisión que parecía radical: dejó atrás todo lo que conocía y emprendió un viaje de un año que la llevaría a Italia, India e Indonesia. Este viaje no fue solo una escapatoria, sino una búsqueda consciente para reconectarse con su esencia y redescubrir qué significaba realmente vivir. Cada destino representó una lección crucial en su proceso de sanación y autodescubrimiento.

En Italia, Elizabeth aprendió a disfrutar de los placeres simples de la vida. Después de años de vivir bajo presión y autoexigencia, se permitió disfrutar sin culpa de una buena comida, de conversaciones sinceras y de la belleza de lo cotidiano. En este país, conectó con el disfrute y la gratitud, aprendiendo que a veces, el primer paso hacia la sanación es simplemente permitirte sentir placer y belleza.

Luego en India, Elizabeth profundizó en su vida espiritual. Pasó meses en un ashram, donde la meditación y el silencio la obligaron a enfrentar sus pensamientos más oscuros y a encontrar paz en su interior. Fue un proceso desafiante. Sentada durante horas en meditación, tuvo que lidiar con las heridas que había estado evitando durante años. "Me di cuenta de que el ruido externo no era lo que me abrumaba, sino el ruido que había dentro de mí misma. Aprender a calmarlo fue mi mayor lección en la India."

Finalmente, en Indonesia, Elizabeth encontró el equilibrio. En este país, aprendió que la vida no tiene que ser un extremo u otro, que es posible disfrutar de los placeres de la vida mientras cultivas una conexión espiritual profunda.

En Indonesia también conoció a alguien que le mostró lo que significaba el amor auténtico, pero esta vez no como algo que llenara un vacío, sino como una experiencia que complementara su propia plenitud.

El viaje de Elizabeth no solo cambió su vida; también inspiró a millones de personas en todo el mundo. Su libro *Eat, Pray, Love* no es simplemente una narración de su experiencia, es también un testimonio de que incluso en los momentos más oscuros, es posible encontrar luz, propósito y transformación. Las lecciones que compartió en sus páginas resonaron con mujeres y hombres de diferentes edades, culturas y contextos, demostrando que la búsqueda de la autenticidad es un deseo universal.

La historia de Elizabeth Gilbert nos recuerda que no necesitas tener todas las respuestas antes de dar el primer paso hacia el cambio. A veces, el simple hecho de reconocer que algo debe cambiar y actuar en consecuencia es suficiente para comenzar. Su viaje también nos muestra que el autodescubrimiento no siempre es lineal ni cómodo, pero es profundamente transformador.

Italia: Nos enseña que disfrutar de los pequeños placeres de la vida no es un lujo, sino una necesidad. La gratitud por lo cotidiano puede ser el primer paso hacia la sanación.

India: Refleja la importancia de mirar dentro de nosotros mismos y confrontar las partes de nuestra alma que necesitan atención y compasión.

Indonesia: Nos inspira a encontrar equilibrio entre el mundo material y espiritual, a vivir plenamente sin perder nuestra esencia.

Tal vez no estás planeando un viaje de un año por el mundo, pero el mensaje de Elizabeth es claro: *la transformación comienza cuando eliges escucharte a ti mismo.* Puede ser tan simple como tomar un momento cada día para reflexionar sobre lo que realmente deseas, o comprometerse a dejar atrás lo que ya no te sirve. No importa cuán lejos parezcan tus metas, cada pequeño paso hacia tu intención cuenta.

Si Elizabeth pudo rediseñar su vida desde un lugar de profundo dolor y desconexión, tú también puedes. Su historia no es solo inspiradora; es un recordatorio de que todos tenemos la capacidad de reconstruir nuestras vidas, no importa cuán rotas parezcan. Lo único que necesitas es la disposición de dar el primer paso, la valentía de enfrentar tus miedos y la paciencia para dejar que el proceso se desarrolle.

Tu vida es un lienzo en blanco esperando ser pintado con las intenciones más puras de tu corazón.

¿Qué historia elegirás crear hoy?

Lo que hace que estas historias sean tan poderosas no es solo el éxito que estas mujeres alcanzaron, sino cómo enfrentaron sus desafíos con claridad, intención y perseverancia. Viola Davis no dejó que su entorno definiera quién era, y Elizabeth Gilbert no permitió que una crisis personal definiera el resto de su vida. Ambas decidieron que el poder para cambiar estaba dentro de ellas, y actuaron desde esa convicción.

Tal vez no estés enfrentando las mismas circunstancias, pero eso no significa que no puedas encontrar inspiración en sus historias. ¿Te has preguntado qué intenciones están guiando tu vida en este momento? ¿Estás actuando desde tus deseos más profundos o estás dejando que las circunstancias externas te definan?

La intención no es solo un pensamiento positivo o un deseo superficial. Es una decisión profunda que afecta cada acción que tomas. Es comprometerte contigo mismo para actuar con claridad, incluso cuando el camino es incierto. Estas historias te recuerdan que el cambio no es instantáneo, pero cada pequeño paso que das con intención puede llevarte más cerca de la vida que deseas.

Tu historia aún se está escribiendo. Las herramientas para diseñar tu realidad con intención ya están en tus manos. La pregunta es: ¿qué vas a hacer con ellas?

Las vidas de Viola Davis y Elizabeth Gilbert son ejemplos de que no necesitas ser perfecto, ni tener todas las respuestas, para empezar. Solo necesitas un momento de claridad, una intención genuina y la voluntad de actuar. Cada decisión consciente, por pequeña que sea, es un ladrillo en la construcción de tu nueva realidad.

¿Qué pasaría si, a partir de hoy, eligieras creer en tu capacidad para rediseñar tu vida? ¿Qué pasaría si establecieras una intención clara y comenzaras a tomar acciones coherentes con esa visión?

La próxima gran historia de transformación puede ser la tuya. El poder de escribirla está en tus manos. ¿Estás listo para empezar?

Cómo el propósito transforma tus resultados

Diseñar tu realidad con intención es mucho más que definir metas o crear planes. Es una práctica consciente de alinear tus pensamientos, emociones y acciones con aquello que deseas manifestar. No se trata de controlar cada detalle, sino de crear un espacio interno de claridad, apertura y coherencia que permita que tu vida refleje tus deseos más auténticos. Aquí te ofrezco una herramienta práctica, paso a paso, para comenzar a diseñar tu realidad desde la intención más profunda y alineada con tu esencia.

Este proceso tiene cuatro pilares fundamentales: claridad sobre lo que deseas, conexión con tus valores, flexibilidad para adaptarte al proceso, y coherencia entre lo que piensas, sientes y haces.

Establece una intención clara y alineada

El primer paso para diseñar tu realidad es identificar lo que realmente quieres. Pero este deseo no debe estar impulsado únicamente por lo que otros esperan de ti o por comparaciones externas. En lugar de eso, hazte preguntas que conecten con tu propósito interno:

¿Qué deseo realmente para mi vida en esta área?

¿Por qué quiero esto?

¿Cómo se alinea este deseo con mis valores más profundos?

En lugar de decir: "Quiero encontrar un trabajo", podrías reformular, como: "Quiero generar ingresos haciendo algo que me apasione, que me permita crecer y que beneficie a los demás." Esta intención no solo es más específica, sino que también resuena con emociones y valores que alimentan tu propósito.

Escribe tu intención en un lugar donde puedas verla todos los días. Asegúrate de que sea clara, específica y esté alineada con lo que realmente valoras en tu vida.

Una vez que defines tu intención, es esencial que te conectes emocionalmente con ella. La emoción es el puente que une tu intención con tu realidad, pues determina la energía que emites al universo.

Cada mañana, dedica unos minutos a visualizar tu intención como si ya se hubiese cumplido. No solo imagines el resultado; siente la alegría, la gratitud y la satisfacción que experimentas al vivir esa realidad. Por ejemplo, si tu intención es crear un negocio exitoso, imagina cómo se siente recibir mensajes de clientes agradecidos, cómo disfrutas el proceso de construir algo significativo y cómo tu vida refleja la abundancia que has creado.

Diseñar tu realidad no se trata de esperar a que todo se manifieste de inmediato. Es un proceso que requiere acción constante, incluso en los pequeños detalles.

Pregúntate:

¿Qué puedo hacer hoy, por pequeño que sea, que me acerque a esta intención?

¿Qué hábitos puedo incorporar para mantenerme alineado con mi visión?

¿Qué recursos necesito para avanzar y cómo puedo empezar a buscarlos?

Si tu intención es mejorar tus relaciones, tus microacciones podrían incluir:

1. Practicar la escucha activa en cada conversación.
2. Expresar gratitud a una persona importante en tu vida cada día.
3. Reflexionar sobre patrones de comunicación que puedas mejorar.

Recuerda que no necesitas ver resultados inmediatos. Cada pequeña acción es un ladrillo que construye la base de tu nueva realidad.

Aunque tener un plan es importante, también es esencial soltar el control del "cómo" y abrirte a lo inesperado. A veces, lo que deseas no llega exactamente de la manera que imaginas, pero eso no significa que no estés avanzando hacia tu intención. Las oportunidades inesperadas suelen ser las respuestas que necesitas, aunque no las reconozcas de inmediato.

Cada noche, reflexiona sobre las señales o mensajes que has recibido durante el día.

Pregúntate:

¿Hubo algo que no esperaba y que podría ser una oportunidad disfrazada?

¿Cómo puedo adaptarme a lo que la vida me está mostrando sin perder mi intención?

Practica decirte a ti mismo: "Estoy abierto a recibir lo que necesito, incluso si no es exactamente lo que esperaba."

La vida está en constante cambio, y tus intenciones también pueden evolucionar. Es importante revisar regularmente si lo que estás buscando sigue alineado con tus valores y si necesitas hacer ajustes en tus acciones.

Supongamos que tu intención inicial era mudarte a una gran ciudad para buscar nuevas oportunidades, pero en el proceso descubres que lo que realmente anhelas es un estilo de vida más tranquilo y conectado con la naturaleza. Ajustar tu intención no significa que fallaste; significa que estás creciendo y adaptándote a lo que realmente necesitas.

Cada mes, dedica tiempo a revisar tus intenciones. Pregúntate:

¿Sigue siendo esto importante para mí?

¿Estoy actuando en coherencia con lo que deseo?

¿Hay algo que necesite ajustar para seguir avanzando?

Para que este proceso funcione, es esencial que tus pensamientos, emociones y acciones estén alineados. Aquí hay tres claves prácticas:

1. Establece rituales diarios: Crea hábitos que refuercen tu intención como escribir afirmaciones, practicar gratitud o reflexionar sobre tus avances.

2. Encuentra un sistema de apoyo: Rodéate de personas que te inspiren y te apoyen en tu proceso. Comparte tus metas con alguien en quien confíes.

3. Practica la auto observación: Sé consciente de tus pensamientos y emociones. Si notas que estás desviándote hacia la duda o el miedo, vuelve a centrarte en tu intención con técnicas como la respiración profunda o la visualización.

Cada acción que tomas, por pequeña que sea, está moldeando tu realidad. La clave es actuar desde la intención, no desde la reacción. Esto significa que en lugar de dejarte llevar por las circunstancias o por lo que los demás esperan de ti, eliges conscientemente cada paso, sabiendo que estás construyendo algo mucho más grande.

Imagina que cada acción es una chispa que enciende la luz de tu futuro. Aunque el camino no siempre sea lineal, cada decisión consciente es un recordatorio de que tienes el poder de diseñar tu vida, paso a paso, momento a momento.

¿Estás listo para dar el primer paso hoy? El poder está en tus manos.

La intención no es simplemente un deseo que lanzamos al aire esperando que se cumpla mágicamente. Es una guía interna que alinea nuestros pensamientos, emociones y acciones hacia un propósito claro. Reflexionar sobre nuestras intenciones y cómo se manifiestan en nuestra vida diaria nos permite identificar bloqueos, ajustar el rumbo y avanzar con mayor claridad. Este espacio está diseñado para que te detengas, pienses profundamente y encuentres tus propias respuestas.

Cuando diseñamos nuestra realidad con intención, es crucial preguntarnos si estamos viviendo en coherencia con lo que realmente deseamos.

Muchas veces, decimos que queremos algo, pero nuestras acciones, pensamientos o creencias nos llevan en una dirección completamente diferente. Reflexionar sobre esto es un acto de valentía y de autoconciencia.

Por ejemplo, si tu intención es crear una vida llena de abundancia, pregúntate:

¿Estoy tomando decisiones que me acercan a esa visión?

¿Estoy invirtiendo mi tiempo y energía en lo que realmente importa?

¿Estoy dispuesto a soltar los patrones y hábitos que me alejan de mi propósito?

Reconocer estas discrepancias no es un motivo de culpa, sino una oportunidad para reajustarse y volver a enfocarte.

Ejercicio práctico: Visualización creativa para tu realidad deseada
Responde estas preguntas con total honestidad. No hay respuestas correctas o incorrectas, solo verdades que te ayudarán a entenderte mejor y a alinear tus intenciones con tus acciones.

1. ¿Qué áreas de mi vida siento que no están alineadas con mis verdaderos deseos?

Por ejemplo, puede que anheles más tiempo para tu familia, pero tus decisiones laborales te están alejando de ellos. Reflexiona sobre las prioridades reales detrás de tus acciones.

Ejemplo de respuesta:

"Siento que en mi carrera estoy priorizando metas externas, como ganar más dinero, pero lo que realmente quiero es encontrar un trabajo que me permita estar más presente para mis hijos."

2. ¿Qué creencias tengo sobre lo que es posible para mí?

Tus creencias determinan las decisiones que tomas y cómo enfrentas los desafíos. Reflexiona si tus creencias actuales te están impulsando o limitando.

Ejemplo de respuesta:

"A menudo creo que no soy lo suficientemente bueno para asumir grandes retos. Me doy cuenta de que esta creencia viene de experiencias pasadas, pero estoy dispuesto a cambiarla."

3. ¿Estoy dispuesto a soltar el control sobre el "cómo" sucederán las cosas?

Diseñar tu realidad requiere acción, pero también confianza en que el proceso se desarrollará de formas que quizás no esperabas. Reflexiona sobre tu capacidad para fluir con lo inesperado.

Ejemplo de respuesta:

"Me cuesta soltar el control porque temo que si no lo hago todo perfecto, no lograré mis metas. Pero estoy trabajando en confiar más en el proceso y en aprender de los resultados, incluso si no son los que esperaba."

4. ¿Qué pasos pequeños puedo dar hoy para avanzar hacia mi intención?

No importa cuán grande sea tu meta; siempre hay una acción pequeña y concreta que puedes tomar ahora mismo para acercarte a ella.

Ejemplo de respuesta:

"Hoy puedo dedicar 30 minutos a investigar sobre el negocio que quiero iniciar. También puedo escribir mi intención en mi diario para recordarme por qué es importante para mí."

5. ¿Qué mensajes o señales he recibido últimamente que podrían estar guiándome?

A veces, la vida nos da pistas sutiles sobre el camino que debemos tomar. Estas pueden ser coincidencias, conversaciones inesperadas o incluso desafíos.

Ejemplo de respuesta:

"Hace poco, un amigo mencionó un curso que podría ayudarme a mejorar mis habilidades. Al principio, lo ignoré, pero ahora creo que podría ser una señal de que necesito invertir en mi crecimiento."

Cada pregunta que te haces y cada respuesta que descubres son pasos hacia la creación de una realidad más alineada con tus valores y deseos. Reflexionar sobre tus intenciones no solo te ayuda a ganar claridad, también te conecta con la abundancia que ya existe en tu vida. La abundancia no siempre se trata de tener más cosas, sino de reconocer el valor y las oportunidades que te rodean en este momento.

Cuando tomas tiempo para reflexionar, estás enviando una señal al universo de que estás comprometido con tu crecimiento y estás dispuesto a actuar desde un lugar de autenticidad. Esta energía es magnética y puede abrir puertas que antes no veías.

Espacio Interactivo

A continuación, encontrarás un espacio para escribir tus respuestas. No apresures este proceso; dedícale tiempo y energía. Este es tu momento para reconectar contigo mismo y con tu propósito.

Ejercicio:

1. Escribe una intención clara que quieras trabajar en este momento de tu vida.
2. Responde a cada pregunta de introspección con total honestidad.
3. Reflexiona sobre los pasos que puedes tomar esta semana para avanzar hacia esa intención.

Reflexión: Crea con propósito, no por casualidad

Reflexionar sobre tus intenciones no es un acto que haces una vez y luego olvidas. Es un hábito que nutre tu alma, te mantiene enfocado y te permite ajustarte a medida que creces. Al responder estas preguntas, recuerda que estás creando un espacio sagrado para escuchar a tu ser interior y permites que tu intención tome forma en el mundo.

Este proceso es un recordatorio de que la creación de tu realidad no está fuera de tu alcance. Es algo que haces todos los días, con cada pensamiento, cada emoción y cada acción. ¿Qué pasaría si a partir de hoy, te comprometes a reflexionar regularmente y actuar con intención? La respuesta está en tus manos.

Imagina despertar cada mañana con la certeza de que tu vida tiene un propósito claro, que tus acciones están alineadas con tus deseos más profundos y que cada decisión que tomas contribuye a la realidad que anhelas. Visualiza cómo sería sentir que no solo estás viviendo el día a día, sino que estás diseñando, con intención y consciencia, un futuro extraordinario. Esta no es una utopía ni una meta inalcanzable. Es el poder que reside dentro de ti, esperando ser activado con cada pensamiento, emoción y acción consciente.

En este capítulo, exploramos una verdad transformadora: la vida no te sucede al azar. Tú tienes la capacidad de moldearla, paso a paso, a través de tus intenciones y acciones. Aprendiste que una intención clara no solo dirige tu energía, sino que establece el marco desde el cual actúas, decides y creas. Profundizamos en la importancia de conectar emocionalmente con tus intenciones, traducirlas en acciones concretas y soltar el control del "cómo" para permitir que la vida te sorprenda con soluciones y caminos inesperados. También hablamos de cómo revisar y ajustar tus intenciones es una práctica clave para mantenerte alineado con tu evolución personal.

Diseñar tu realidad con intención no es un evento único, es un proceso continuo y transformador. Cada pensamiento, cada decisión, cada acción es un ladrillo en la construcción de tu futuro. Habrá ocasiones en las que sientas que no avanzas, que los resultados son invisibles, pero confía en que todo lo que haces con intención está teniendo un impacto, aunque aún no lo veas.

No se trata de cambiar todo de la noche a la mañana ni de buscar una perfección inalcanzable. Se trata de comenzar, de avanzar un paso a la vez, de honrar tu proceso y confiar en que el cambio, por pequeño que sea, genera un efecto dominó que transforma tu vida. Y más allá de los resultados tangibles, lo más importante es cómo este proceso transforma tu relación contigo mismo: te convierte en un creador consciente, en alguien que vive con propósito y en armonía con su esencia.

Hoy es el momento de comenzar. No mañana, no cuando "tengas tiempo" o cuando todo sea perfecto. Es ahora. Porque cada instante es una oportunidad para tomar una acción consciente que te acerque a la vida que deseas.

1. *Define tu intención:* Elige un área de tu vida que desees transformar. Sé claro y específico. Pregúntate: "¿Qué quiero realmente? ¿Por qué lo deseo? ¿Cómo se alinea esto con lo que soy y lo que valoro?"

2. *Visualiza tu intención cumplida:* Dedica unos minutos a imaginar cómo será tu vida cuando esa intención se haga realidad. Siente la alegría, la gratitud y la plenitud de vivir esa experiencia.

3. *Da un paso hoy mismo:* No importa cuán pequeño sea, pero da un paso en dirección a tu intención. Puede ser investigar, planificar, escribir o simplemente reafirmar tu compromiso contigo mismo.

4. *Confía en el proceso:* Libera la necesidad de controlar cada detalle. Abre tu mente y corazón a las oportunidades inesperadas que pueden ser aún mejores de lo que imaginas.

5. Reflexiona y celebra: Cada noche, tómate unos minutos para reflexionar sobre tus acciones del día y celebra tus pequeños logros. Este hábito fortalece tu energía y te mantiene enfocado.

El momento de diseñar tu realidad es ahora. No importa dónde estés ni cuáles sean las circunstancias. Lo que importa es lo que elijas hacer a partir de este instante. Tu vida es tu obra maestra, y tú eres el artista. ¿Qué historia quieres contar? ¿Qué realidad estás listo para crear?

Recuerda, cada paso que das, por pequeño que parezca, es un acto de poder, un testimonio de tu compromiso con la vida que mereces. La abundancia, el propósito y la alegría están a tu alcance. Toma la decisión, da el primer paso, y comienza a construir una vida extraordinaria desde la intención más profunda de tu ser. ¿Estás listo para empezar?

Diseñar tu realidad con intención te ha permitido vislumbrar lo que es posible cuando alineas tus pensamientos, emociones y acciones. Pero, ¿qué sucede cuando las cosas no avanzan como esperabas? Es ahí donde entra en juego un poder transformador: la combinación de persistencia y flexibilidad.

En el próximo capítulo, descubrirás que los mayores logros no son resultado de una fuerza rígida, sino de una danza entre la determinación y la capacidad de adaptarte a lo inesperado. Aprenderás cómo mantenerte firme en tu propósito mientras confías en el flujo de la vida, reconociendo que a veces, los desvíos y las pausas son parte del camino hacia algo incluso más grande de lo que habías imaginado.

¿Estás listo para desarrollar la resiliencia necesaria para sostener tus sueños y la sabiduría para fluir con los cambios?

Lo que sigue es una lección esencial para quienes están decididos a transformar su realidad: cómo mantenerse en el camino, incluso cuando el mapa cambia.

El siguiente capítulo será tu guía para persistir con confianza y crear con flexibilidad.

Capítulo 9

La Magia de la Persistencia y la Flexibilidad

El arte de soltar el control con certeza

Hubo una etapa en mi vida en la que me aferraba al control como si de ello dependiera todo. Creía que si planeaba cada detalle, tomaba todas las precauciones y empujaba con todas mis fuerzas, lograría que las cosas salieran exactamente como yo quería. Pero cuando el resultado no cumplía mis expectativas, me invadía la frustración y la sensación de fracaso.

Con el tiempo y mucho trabajo interno, entendí algo fundamental: el control que buscaba no era sobre la vida en sí, era sobre mi miedo a lo desconocido. No confiaba en que el universo tuviera un plan para mí, y esa falta de certeza me hacía querer controlar cada pequeño detalle. Pero aquí está la ironía: mientras más control intentaba ejercer, más lejos me sentía de mis metas, y más agotada me sentía.

El cambio llegó, no de un día para otro, sino gradualmente, como un proceso de aprendizaje. Me di cuenta de que el único control real que tengo está en mi interior: en cómo elijo pensar, cómo interpreto lo que sucede y cómo actúo ante ello. Y lo que me permitió soltar el control con confianza fue cultivar la certeza, esa profunda seguridad interna de que, aunque no puedo prever cada paso, la vida me está guiando hacia donde necesito estar.

Cuando pienso en el concepto de certeza, no puedo evitar recordar el flujo del agua. El agua no duda de su camino; avanza con certeza, incluso cuando encuentra obstáculos. No intenta romper las rocas ni las evita; simplemente fluye alrededor de ellas, confiada en que su destino está al otro lado.

Esa metáfora se convirtió en mi guía. Me enseñó que la persistencia no es forzar y que la flexibilidad no es ceder. Es encontrar el equilibrio entre avanzar con determinación y confiar en que el universo está trabajando conmigo, incluso cuando el camino parece torcerse. Aprendí que la certeza no es saber exactamente cómo sucederán las cosas, sino confiar en que pase lo que pase, estoy en el lugar correcto para mi evolución.

Y tú,¿Estás caminando con certeza o con miedo?

Te invito a reflexionar: ¿Cuántas veces te has aferrado a algo porque no confías en que la vida te ofrezca algo mejor? ¿Cuántas veces has intentado controlar cada detalle porque temes que si no lo haces, todo se va a desmoronar? Ahora, pregúntate: ¿Qué pasaría si eligieras caminar con certeza, confiando en que todo lo que llega a tu vida tiene un propósito, incluso cuando no lo entiendes al principio?

"La persistencia con flexibilidad y certeza es el equilibrio transformador, es tener la seguridad de que el universo te respalda mientras eliges fluir hacia tu propósito."

Desde una perspectiva espiritual, el equilibrio entre persistencia, flexibilidad y certeza es el núcleo de una vida en armonía. La persistencia nos conecta con nuestra fuerza interior, con el compromiso de seguir avanzando hacia lo que queremos. La flexibilidad nos enseña a adaptarnos, a escuchar las señales de la vida y a cambiar de rumbo cuando es necesario. Pero la certeza... la certeza es lo que nos da paz.

La certeza no es la garantía de que todo saldrá como esperamos, sino la confianza profunda de que todo lo que sucede está alineado con nuestro bien mayor. Es la seguridad de que, aunque no siempre veamos el camino completo, cada paso que damos nos lleva en la dirección correcta.

Cuando vivimos desde esta perspectiva, dejamos de luchar contra las circunstancias. Entendemos que las dificultades no son castigos, sino oportunidades para crecer. Reconocemos que el universo no está en nuestra contra, sino trabajando a nuestro favor, incluso cuando no podemos verlo.

Quiero que reflexiones sobre esto: ¿Qué lugar ocupa la certeza en tu vida? ¿Vives desde la confianza o desde la duda? La forma en que eliges mirar tu realidad define lo que experimentas.

Soltar el control no significa rendirse ni resignarse. Es reconocer que hay un poder más grande que nosotros que siempre está presente, guiándonos. Y cuando combinas esa confianza con persistencia y flexibilidad, creas un equilibrio que transforma tu experiencia de vida.

Piensa en un área de tu vida donde te sientas atascado y pregúntate: ¿Estoy avanzando con fe en el proceso? ¿Estoy siendo flexible para adaptarme a las señales que me envía la vida? ¿Estoy confiando en que lo que llega es lo que necesito en este momento?

La certeza no se trata de tener todas las respuestas. Se trata de saber, en lo más profundo de tu ser, que todo está ocurriendo para tu crecimiento y evolución. A medida que avances en este capítulo, exploraremos cómo integrar estas cualidades en tu vida diaria para que puedas crear una realidad llena de propósito, abundancia y paz interior.

Porque cuando persistes con flexibilidad y certeza, no solo avanzas; floreces. ¿Estás listo para dar el primer paso hacia esa vida que siempre has deseado? ¡Comencemos!

Imagina por un momento estar en medio de un camino con muchas curvas. Sabes que tu destino está más adelante, pero no puedes verlo. El camino es empinado, te falta el aliento y parece que cada paso requiere más esfuerzo que el anterior. En ese instante, es fácil pensar en rendirse. Sin embargo, la persistencia es esa llama interna que te impulsa a dar un paso más, incluso cuando todo parece estar en tu contra.

Persistir no significa que no puedas descansar ni reevaluar. Persistir no es forzar. Es mantenerte conectado con lo que realmente quieres, con ese sueño que no puedes dejar de imaginar, incluso en los días difíciles. Sin embargo, a menudo confundimos persistencia con obstinación. Creemos que debemos seguir empujando por el mismo camino, incluso cuando la vida nos muestra que hay mejores formas de llegar.

Aprendí que persistir con conciencia es una práctica de humildad y conexión. Es recordarte a ti mismo por qué comenzaste, qué propósito te mueve y cómo cada paso, aunque pequeño, tiene un impacto en el camino hacia tus sueños. No se trata de velocidad; se trata de avanzar con intención.

La vida es un maestro impredecible. Piénsalo por un momento: ¿cuántas veces las cosas han resultado ser diferentes de lo que planeaste? Puede ser frustrante, pero también hay una lección en ello. La flexibilidad es la capacidad de mirar más allá de tus expectativas iniciales y permitirte descubrir nuevas posibilidades.

Hubo un tiempo en el que yo misma veía los cambios como fracasos. Si algo no salía como lo había planeado, lo tomaba como una señal de que estaba haciendo algo mal. Pero con el tiempo entendí, que esos desvíos no eran castigos sino oportunidades. La vida no te dice "no", te dice "no de esta manera". La flexibilidad es la herramienta que te permite escuchar ese mensaje, soltar lo que no funciona y abrirte a lo que sí.

La flexibilidad también tiene una cualidad profundamente espiritual. Es la capacidad de reconocer que no lo sabemos todo, que hay un orden mayor que siempre está trabajando para nuestro bienestar. Aceptar esto no significa conformarte; significa confiar en que hay más caminos hacia tus sueños de los que ahora puedes imaginar.

En el corazón de la persistencia y la flexibilidad se encuentra la certeza. Es esa confianza inquebrantable que te dice: No importa lo que pase, estoy en el camino correcto. La certeza no depende de las circunstancias externas; vive dentro de ti. Es saber que cada obstáculo, cada desvío, tiene un propósito.

Desde una perspectiva espiritual, la certeza es la base sobre la que construimos nuestras acciones. Es el antídoto contra el miedo y la duda. Cuando actúas desde la certeza, te liberas de la necesidad de controlar cada detalle y permites que la vida te sorprenda. Es un acto de fe, no en algo externo, sino en tu propia capacidad de navegar la vida con propósito y confianza.

Recuerdo momentos en los que la falta de certeza me paralizó. Dudaba de mis decisiones, de mi camino, de mí misma. Pero al trabajar en mí, entendí que la certeza es una elección activa. Es decidir creer que el universo siempre está a tu favor, incluso cuando las cosas no tienen sentido.

Uno de los mayores desafíos al integrar la persistencia, la flexibilidad y la certeza es aprender a soltar el "cómo". Estamos tan acostumbrados a planificar cada detalle que olvidamos que no todo está bajo nuestro control. Pero aquí está la verdad: tu trabajo no es dictar cómo sucederán las cosas; tu trabajo es actuar con intención y confiar en que el resto se alineará.

Cuando intentamos controlar el "cómo", limitamos las posibilidades. Nos volvemos rígidos y nos cerramos a las oportunidades que podrían ser incluso mejores de lo que habíamos imaginado. Soltar el "cómo" no significa no hacer nada. Significa tomar acción desde un lugar de claridad y propósito, pero estar abiertos a que el universo nos muestre caminos inesperados.

Por ejemplo, cuando estás buscando un cambio en tu carrera, podrías pensar que solo hay una manera de lograrlo: aplicar a cierto tipo de trabajo o seguir un camino específico. Pero al soltar el "cómo", te permites explorar otras opciones. Tal vez esa oportunidad llegue a través de una conversación casual, de un contacto inesperado o de una idea que nunca habías considerado.

Soltar el "cómo" es un acto de confianza. Es permitir que la vida colabore contigo en la creación de tus sueños.

Persistir con flexibilidad y certeza puede parecer sencillo en teoría, pero en la práctica, a menudo enfrentamos bloqueos internos que nos dificultan este equilibrio.

Estos bloqueos suelen tomar la forma de miedo, perfeccionismo o una necesidad de control excesivo. Estos son algunos ejemplos:

El miedo al fracaso: Nos hace dudar de nuestras capacidades y nos lleva a aferrarnos a lo conocido, incluso cuando ya no funciona.

El perfeccionismo: Nos hace creer que debemos hacerlo todo perfectamente desde el principio, lo que nos paraliza ante cualquier error o cambio.

La necesidad de control: Nos lleva a intentar forzar las cosas, olvidando que hay un flujo natural que debemos respetar.

Superar estos bloqueos requiere de un compromiso contigo mismo. Es un proceso de introspección y acción consciente. Pregúntate: ¿Qué miedo me está deteniendo? ¿Qué creencia me está limitando?

Cuando identificas esos bloqueos, puedes comenzar a trabajar en ellos, reemplazandolos con pensamientos y acciones más alineados con tu propósito.

El equilibrio entre persistencia, flexibilidad y certeza no solo te acerca a tus metas; transforma la forma en que experimentas la vida. Ya no vives desde la resistencia, sino desde el fluir. Ya no te obsesionas con los resultados, sino que disfrutas del proceso.

Quiero que reflexiones: ¿Cómo sería tu vida si confiaras más en ti mismo y en el proceso? Si persistieras en tus sueños, pero con la apertura para adaptarte y la confianza de que todo lo que sucede tiene un propósito.

Este capítulo no es solo una invitación a actuar; es una invitación a actuar desde un lugar de conexión profunda contigo mismo. Porque cuando persistes con intención, fluyes con flexibilidad y confías con certeza, no solo logras resultados; encuentras paz, propósito y plenitud en el camino.

¿Estás listo para tomar ese equilibrio como tu nueva forma de vida? ¡Sigamos adelante!

J.K. Rowling y la magia de no rendirse

Antes de convertirse en una de las autoras más reconocidas del mundo, Joanne Rowling, conocida por su seudónimo: J.K. Rowling, enfrentó un periodo oscuro y lleno de desafíos. La autora de la saga Harry Potter vivió una de las historias más inspiradoras de persistencia, flexibilidad y certeza.

Rowling escribió los primeros capítulos de Harry Potter en medio de grandes dificultades personales. Había perdido a su madre, estaba en un matrimonio que terminó en divorcio, y se encontraba criando sola a su hija pequeña, sobreviviendo gracias a los beneficios sociales del gobierno. Sin embargo, tenía una visión clara: quería contar la historia de un niño mago que cambiaría su mundo y el de millones de personas.

La persistencia de Rowling se hizo evidente cuando envió su manuscrito a 12 editoriales y recibió una respuesta negativa de todas. Doce veces le dijeron que la historia no era buena, que no tenía futuro, que nadie querría leerla. ¿Cuántos de nosotros habríamos desistido después de tantas puertas cerradas?

Pero ella no lo hizo. Rowling creía profundamente en la historia que estaba contando. Su certeza la impulsó a continuar, incluso cuando parecía que el mundo entero le estaba diciendo que se rindiera.

Finalmente, una pequeña editorial llamada Bloomsbury aceptó publicar su libro. Sin embargo, incluso entonces enfrentó otro obstáculo: le aconsejaron que usara sus iniciales en lugar de su nombre completo para que los lectores no supieran que era mujer, porque según ellos, "los niños no leen libros escritos por mujeres".

En lugar de rechazar esa sugerencia por orgullo, Rowling mostró flexibilidad. Aceptó usar sus iniciales, pero se mantuvo firme en su visión. Y gracias a esa combinación de persistencia, flexibilidad y certeza, no sólo logró publicar Harry Potter, sino que creó una de las sagas más exitosas de todos los tiempos, transformando su vida y la de millones de lectores alrededor del mundo.

Serena Williams y la fuerza de adaptarse al cambio

Serena Williams, una de las mejores tenistas de todos los tiempos, es un ejemplo vivo de cómo la persistencia, la flexibilidad y la certeza pueden superar cualquier obstáculo. Desde muy joven, Serena mostró un talento natural para el tenis, pero su camino hacia el éxito estuvo lleno de desafíos.

Nacida en Compton, un vecindario conocido por la violencia y la pobreza, Serena y su hermana Venus entrenaban en condiciones muy adversas. Su padre, Richard Williams, sin tener experiencia profesional en el tenis, decidió que sus hijas serían campeonas. La familia enfrentó críticas constantes, racismo y escepticismo dentro del mundo del tenis, que tradicionalmente era dominado por personas blancas y de clase alta.

A lo largo de su carrera, Serena ha demostrado una persistencia inquebrantable. Ha enfrentado múltiples lesiones, problemas de salud, y un ambiente competitivo que a menudo cuestionaba su talento y su lugar en el deporte. Sin embargo, su capacidad de adaptarse ha sido su mayor fortaleza. Después de dar a luz a su hija en 2017, Serena enfrentó complicaciones médicas graves que pusieron en peligro su vida. Muchos pensaron que nunca volvería a competir al mismo nivel.

Pero Serena tenía algo más poderoso que las dudas externas: una certeza interna de que podía volver a ser una campeona. No forzó un regreso rápido; en lugar de eso, escuchó a su cuerpo y ajustó su entrenamiento a sus nuevas circunstancias. Serena mostró flexibilidad al cambiar su enfoque del juego, adaptando sus estrategias y entrenamientos para maximizar su rendimiento sin comprometer su salud.

Aunque su camino de regreso no fue fácil, Serena volvió a las canchas con más fuerza que nunca, llegando a finales de torneos importantes y demostrando que la maternidad no era un obstáculo para sus sueños, sino una nueva faceta que la hizo aún más fuerte.

Tanto J.K. Rowling como Serena Williams nos enseñan que la vida no siempre sigue el guión que imaginamos, pero eso no significa que debamos rendirnos. Sus historias son un recordatorio de que los obstáculos son inevitables, pero nuestra respuesta a ellos es lo que define nuestro éxito.

Piensa en un sueño o meta que tengas. Puede que te sientas atascado, como si todo estuviera en tu contra. ¿Qué puedes aprender de estas historias? ¿Cómo puedes aplicar la persistencia, la flexibilidad y la certeza en tu propia vida? La historia de J.K. Rowling nos enseña a no dejar que el rechazo nos detenga. Si crees en algo profundamente, sigue adelante. Por otro lado, Serena nos muestra que adaptarnos a nuestras circunstancias no es rendirse, sino una estrategia poderosa para superar los desafíos.

Estos ejemplos de vida nos recuerdan que no importa cuán grandes sean los desafíos, siempre hay una manera de avanzar. La clave está en combinar la fuerza de la persistencia con la sabiduría de la flexibilidad y la confianza de la certeza.

¿Qué te detiene en este momento? ¿Es el miedo al fracaso? ¿La rigidez de un plan que no está funcionando? O tal vez, ¿la falta de confianza en que puedes superar cualquier cosa que se interponga en tu camino?

J.K. Rowling y Serena Williams no permitieron que las circunstancias definieran sus vidas. Ellas decidieron persistir, adaptarse y creer profundamente en sí mismas. Y tú también puedes hacerlo.

Recuerda: los obstáculos no son el fin de tu camino; son parte de él. Cada desafío es una oportunidad para aprender, crecer y demostrarte de lo que eres capaz. Persistir, adaptarte y creer en ti mismo no sólo te llevará a lograr tus metas, sino también a convertirte en la persona que siempre has querido ser. ¿Estás listo para dar el primer paso?

El Triángulo de la Creación Consciente

El Triángulo de la Creación Consciente se basa en tres pilares fundamentales: claridad de intención, acción alineada y confianza en el proceso. Cuando estos tres elementos trabajan juntos, puedes diseñar tu realidad con propósito y equilibrio. A continuación, exploraremos cada uno de estos pilares y cómo integrarlos en tu vida.

Paso 1: Claridad de Intención

"No puedes construir algo que no puedes imaginar primero."

El primer paso para diseñar tu realidad es ser claro con lo que realmente deseas. Esto no significa simplemente identificar metas superficiales, sino conectar con tus deseos más profundos, esos que están alineados con tu propósito y tus valores.

Ejercicio para Ganar Claridad

1.   Escribe tu intención: Tómate un momento para escribir cuál es tu mayor intención en este momento de tu vida. No te enfoques sólo en los resultados materiales, sino en cómo te quieres sentir al lograrlo.

Ejemplo: En lugar de escribir "Quiero un mejor trabajo", escribe "Quiero un trabajo que me permita expresarme, crecer y contribuir al bienestar de otros."

2.   Haz preguntas poderosas: Pregúntate:

¿Por qué quiero esto realmente?

¿Qué cambiaría en mi vida si lo lograra?

¿Está alineado con mi propósito y mis valores?

Reflexionar sobre estas preguntas te ayudará a descartar intenciones que provengan del ego o del miedo y a centrarte en aquellas que realmente alimentan tu alma.

3.   Visualiza con detalle: Una vez que tengas tu intención clara, cierra los ojos e imagina cómo sería tu vida

218

si ya estuvieras viviendo esa realidad. Usa todos tus sentidos. ¿Qué ves? ¿Qué sientes? ¿Qué emociones te llenan? Este paso no solo te ayuda a visualizar tu objetivo, sino que también eleva tu vibración para atraerlo.

Paso 2: Acción Alineada

"Las acciones pequeñas pero consistentes construyen grandes resultados."

Es fácil sentirse abrumado al pensar en los grandes pasos que necesitas para alcanzar tus metas. Pero aquí está el secreto: no necesitas hacerlo todo de una sola vez. Lo que necesitas es dar un paso cada día, asegurándote de que ese paso esté alineado con tu intención.

Ejercicio de Acción Alineada

1.   Divide tu meta en pasos pequeños: Si tu meta es, por ejemplo, cambiar de carrera, tus pasos pequeños podrían incluir:

•   Investigar sobre la nueva industria.

•   Conectar con personas que ya trabajan en ese campo.

•   Actualizar tu currículum o aprender una nueva habilidad.

2.   Actúa con enfoque: Pregúntate antes de cada acción: ¿Esto me acerca o me aleja de mi meta? Esto te ayudará a priorizar lo que realmente importa.

3.   Evalúa y ajusta: La flexibilidad es clave en este paso. No todo saldrá como planeaste, y eso está bien. Aprende a escuchar las señales que recibes en el camino y ajusta tu

enfoque cuando sea necesario. Pregúntate: ¿Qué me está mostrando esta situación? ¿Qué puedo hacer diferente?

Ejemplo:

Si te encuentras en un trabajo que no te satisface y tu intención es encontrar uno que te haga sentir realizado, puedes empezar por dedicar 30 minutos diarios a buscar nuevas oportunidades, conectar con personas en sitios de búsqueda de trabajo online, o investigar cursos que amplíen tus habilidades. La clave es mantenerte en movimiento, aunque los avances parezcan pequeños.

Paso 3: Confianza en el Proceso

"La certeza no es saber exactamente cómo llegarás; es saber que llegarás."

La confianza es lo que te permite persistir cuando las cosas no salen como esperabas. Es lo que te ayuda a soltar el control del "cómo" y a abrirte a las posibilidades que la vida tiene para ofrecerte.

Ejercicio para Cultivar Certeza

1.   Recuerda tus logros pasados: Haz una lista de momentos en los que enfrentaste desafíos pero lograste salir adelante. Reflexiona sobre cómo esos momentos te prepararon para ser quien eres hoy. Esto te ayudará a recordar que ya has superado obstáculos antes y que puedes hacerlo nuevamente.

2.   Declara tu confianza: Cada mañana, repite esta afirmación: *"Confío en que el universo está trabajando a mi favor. Todo lo que sucede es para mi mayor bien."* Hazlo frente al espejo, mirándote a los ojos, y siente la fuerza de tus palabras.

3. Suelta el control: Esto no significa que dejes de actuar, sino que dejes de obsesionarte con los resultados inmediatos. Pregúntate: ¿Qué estoy intentando forzar? ¿Qué pasaría si dejara de resistirme y permitiera que las cosas fluyeran?

Ejemplo:

Imagina a Carla, una mujer que desea comenzar su propio negocio. Carla siempre ha soñado con tener una tienda de productos orgánicos, pero nunca se ha atrevido a dar el primer paso por miedo al fracaso.

1. Claridad de intención: Carla se sienta y reflexiona profundamente sobre su propósito. Escribe: "Mi intención es construir un negocio que promueva la salud y el bienestar, mientras disfruto de la libertad de ser mi propia jefa." Al visualizar este sueño, siente emoción, entusiasmo y una sensación de propósito.

2. Acción alineada: Carla comienza por investigar el mercado y a conectar con otros emprendedores. Divide su meta en pasos pequeños, como elaborar un plan de negocios, buscar proveedores y ahorrar dinero para su inversión inicial. Aunque encuentra algunos obstáculos, ajusta su plan con flexibilidad.

3. Confianza en el proceso: Cada vez que Carla enfrenta un contratiempo, como un proveedor que no responde o un cliente potencial que duda, recuerda sus logros pasados. Se repite: "Estoy avanzando en el camino correcto. Todo lo que necesito llega en el momento perfecto." Con esta confianza, Carla sigue adelante y, finalmente, lanza su negocio con éxito.

El Triángulo de la Creación Consciente no es solo un ejercicio práctico; es un estilo de vida. Es una forma de recordarte que tus intenciones tienen poder, que tus acciones pueden mover montañas y que tu confianza es el puente entre lo que eres hoy y lo que puedes llegar a ser.

Usar esta herramienta no garantiza que nunca enfrentes desafíos, pero te asegura que estarás mejor equipado para enfrentarlos con propósito y paz interior. Cada paso que das desde la claridad, cada acción que tomas con intención y cada momento que eliges confiar en el proceso, estás diseñando tu realidad desde un lugar de conexión profunda contigo mismo.

Ahora es tu turno. ¿Estás listo para aplicar esta herramienta y comenzar a crear la vida que siempre has soñado?

La reflexión es la base para cualquier transformación. Tomarte el tiempo para mirar hacia dentro te permite identificar patrones, ajustar tus intenciones y actuar con más claridad. Este momento es tu oportunidad para observar cómo has estado diseñando tu realidad y cómo puedes hacerlo con más intención, persistencia, flexibilidad y certeza. Las siguientes preguntas están diseñadas para guiarte en este proceso. Acompañamos cada una con ejemplos de respuestas para inspirarte a profundizar en tus propias reflexiones.

1. *¿Qué intención guía tus acciones diarias?*

La intención es el núcleo de la creación consciente. Tus acciones diarias están siempre alineadas con alguna intención, pero a menudo esa intención puede ser inconsciente. Reflexionar sobre esto te permitirá re-orientarte hacia lo que realmente importa.

Ejemplo:

"Me he dado cuenta de que muchas de mis acciones están guiadas por la urgencia y la preocupación. Por ejemplo, me apresuro en el trabajo porque quiero evitar errores y no decepcionar a mi jefe, pero esa intención está basada en el miedo. Mi nueva intención será trabajar desde la confianza en mis habilidades, buscando calidad y disfrutando del proceso en lugar de preocuparme por el resultado."

Reflexiona: ¿Estás actuando desde el miedo, la necesidad de control o el amor y la confianza? Cambiar la intención que guía tus acciones puede transformar la energía que emites y los resultados que obtienes.

2. *¿Qué bloqueos o resistencias estás experimentando actualmente?*

Identificar tus bloqueos es el primer paso para superarlos. Reflexiona sobre esos momentos en los que sientes que algo te detiene, y sé honesto contigo mismo sobre qué podría estar detrás de esas resistencias.

Ejemplo:

"Un bloqueo que estoy enfrentando es mi miedo al rechazo. Quiero comenzar mi propio negocio, pero constantemente me detengo porque pienso: '¿Y si nadie compra lo que ofrezco?' Me doy cuenta de que este miedo viene de una experiencia pasada en la que mi idea fue criticada. Reconozco que este bloqueo está afectando mis acciones, y voy a trabajar en reformular esta creencia, recordando que el rechazo no define mi valor."

Reflexiona: Tus bloqueos son como señales en el camino. No están ahí para detenerte, sino para enseñarte algo sobre ti mismo. ¿Qué creencias limitantes están detrás de tus bloqueos? ¿Cómo podrías comenzar a reprogramarlas?

3. *¿Qué pasos pequeños puedes tomar hoy para acercarte a tus metas?*

El cambio no ocurre de la noche a la mañana, pero cada pequeño paso cuenta. Esta pregunta te invita a enfocarte en lo que puedes hacer ahora mismo para avanzar.

Ejemplo:

"Quiero mejorar mi salud, pero a veces me siento abrumado al pensar en hacer un cambio completo en mi estilo de vida. Un paso pequeño que puedo dar hoy es preparar una comida saludable y tomar un paseo corto al final del día. Estos pasos, aunque parezcan insignificantes, son el inicio de una nueva rutina que quiero construir."

Reflexiona: Muchas veces, subestimamos el impacto de los pequeños pasos. Cada acción, por pequeña que sea, tiene un efecto acumulativo que te acerca a tus metas. ¿Qué podrías hacer hoy que te acerque un poco más a tu propósito?

4. *¿Qué tanto estás abierto a redirigir tu camino si las cosas no salen como esperabas?*

La flexibilidad es clave para diseñar una realidad en armonía con tu propósito. Reflexiona sobre tu disposición para soltar el control y adaptarte cuando las cosas no van según lo planeado.

Ejemplo:

"Tiendo a frustrarme mucho cuando las cosas no salen como las planeo. Recuerdo una vez que intenté organizar un evento para mi comunidad y debido al mal tiempo, tuvimos que cancelarlo. En lugar de buscar alternativas, me sentí derrotado y dejé la idea a un lado. Ahora me doy cuenta de que puedo aprender de esa experiencia. La próxima vez, estaré más abierto a buscar soluciones en lugar de aferrarme a mis expectativas iniciales."

Reflexiona: Ser flexible no significa renunciar a tus metas; significa confiar en que hay más de una forma de alcanzarlas. ¿Cómo podrías abrirte más a las oportunidades que surgen cuando los planes cambian?

5. ¿Cómo podrías integrar la certeza en tus acciones diarias?

La certeza es eso que te permite avanzar con confianza, incluso cuando no puedes prever cada detalle del camino. Reflexiona sobre cómo podrías cultivar esta confianza en ti mismo y en el proceso.

Ejemplo:

"Siempre he sentido una necesidad de controlarlo todo, desde los resultados de mis proyectos hasta cómo reaccionan las personas a mis ideas. Me doy cuenta de que esta necesidad de control me causa estrés y me impide disfrutar del proceso. Para integrar la certeza, voy a practicar afirmaciones diarias, como: 'Todo está sucediendo para mi mayor bien.' También me comprometo a centrarme en lo que puedo controlar, como mi esfuerzo y mi actitud."

Reflexiona: La certeza no es la ausencia de dudas, sino la elección consciente de confiar en que todo está sucediendo como debe ser. ¿Qué podrías hacer hoy para fortalecer tu conexión con esa certeza?

Cada una de estas preguntas está diseñada para ayudarte a observarte desde una nueva perspectiva. A medida que las respondes, recuerda que no hay respuestas correctas o incorrectas. Lo importante es que te permitas ser honesto contigo mismo y uses tus reflexiones como una brújula para avanzar.

El acto de escribir tus respuestas no solo te ayudará a procesar tus pensamientos, también te permitirá clarificar tu intención, soltar tus bloqueos y avanzar con más confianza. A través de estas reflexiones, te estás dando el regalo más valioso: el tiempo y el espacio para reconectar contigo mismo.

En este capítulo hemos explorado cómo la persistencia, la flexibilidad y la certeza son los pilares que sostienen la creación consciente de tu realidad. Ahora es el momento de unir todo lo que has aprendido y dar el primer paso hacia una vida diseñada con intención y propósito.

La transformación está en tus manos

Has descubierto que la persistencia no es simplemente resistir los desafíos, sino aprender a caminar con valentía hacia tus metas, incluso cuando los resultados no son inmediatos. Has comprendido que la flexibilidad es tu aliada, que te permite adaptarte y aprender de los cambios en lugar de resistirlos. Y sobre todo, has aprendido que la certeza es la clave para mantenerte firme, confiando en que el universo siempre trabaja a tu favor, incluso cuando las cosas no salen como esperabas.

Cada pensamiento que eliges, cada acción que tomas y cada vez que decides confiar, estás diseñando tu realidad. Este no es un camino que solo recorras una vez; es una práctica diaria, un compromiso contigo mismo y con la vida que deseas crear.

"Cada acción, por pequeña que sea, está moldeando el mundo en el que vives. Persiste con intención, fluye con flexibilidad y camina con la certeza de que todo se está alineando a tu favor."

Quiero que te tomes un momento para pensar en algo que deseas profundamente en tu vida. Puede ser una meta que has estado postergando, una relación que deseas sanar o un sueño que todavía no te has permitido perseguir. Ahora, pregúntate: ¿Qué pequeño paso puedo dar hoy que me acerque a esa realidad?

Aquí tienes un ejercicio para comenzar:

1.   Escribe tu intención principal: Dedica unos minutos a escribir con claridad qué es lo que deseas crear en tu vida. Sé específico y profundo. Por ejemplo: "Quiero construir una carrera que me apasione y me permita impactar positivamente en los demás."

2.   Define una acción alineada: Identifica una acción que puedas tomar en las próximas 24 horas para avanzar hacia esa intención. No tiene que ser algo grande; lo importante es que sea un paso significativo. Por ejemplo: investigar sobre el área que te interesa, enviar un correo o establecer contacto con alguien que pueda orientarte.

3.   Comprométete con la certeza: Repite esta afirmación cada mañana: *"Confío en que cada acción que tomo me acerca a la vida que deseo. Estoy abierto a aprender, adaptarme y crecer en el camino."*

4.   Reflexiona al final del día: Antes de dormir, pregúntate: ¿Qué aprendí hoy? ¿Cómo me siento al saber que di un paso hacia mi meta?

La clave de este proceso no es la perfección, sino la intención con la que eliges vivir cada día. No te preocupes si los resultados no son inmediatos. Recuerda: lo que importa no es solo el destino, sino quién te estás convirtiendo en el camino.

Tu realidad no cambiará de la noche a la mañana, pero con cada pensamiento, acción y elección consciente, estarás moldeando un futuro más alineado con tu esencia. Lo que necesitas ya está dentro de ti. Ahora es el momento de confiar, de avanzar y de abrirte a recibir lo que la vida tiene preparado para ti.

¿Estás listo para comenzar? La magia está en tus manos. La pregunta es: ¿qué harás con ella?

A lo largo de este camino, has aprendido la magia de persistir y fluir, de mantener tu propósito mientras confías en el proceso de la vida. Ahora es momento de ir aún más profundo, porque todo lo que has construido hasta ahora —tus pensamientos, tus acciones, tus emociones— tiene un origen común: tu interior. La realidad que vives no es más que un espejo que refleja quién eres en lo más profundo.

En el capítulo final, exploraremos cómo cada transformación que haces dentro de ti se manifiesta en el mundo exterior. Entenderás cómo, al sanar, equilibrar y alinear tu ser interno, creas un impacto directo en la realidad que experimentas. Este es el paso definitivo para convertirte en el creador consciente de tu vida, el lugar donde todo cobra sentido.

¿Estás listo para mirar tu mundo con nuevos ojos y tomar plena responsabilidad de la realidad que eliges diseñar?

El último capítulo es una invitación a unir todas las piezas, a conectar con tu esencia más elevada y a recordar que siempre tienes el poder de transformar tu vida desde adentro hacia afuera.

Capítulo 10

El Viaje hacia tu Mejor Versión

Cuando inicié mi camino hacia la transformación personal, tenía la creencia de que en algún momento todo se resolvería de manera definitiva. Imaginaba un lugar ideal al que, al llegar, ya no tendría dudas, miedos ni desafíos. Era una visión lineal de la vida: el esfuerzo conducía al éxito, y una vez alcanzado, todo sería estable, perfecto y feliz. Pero la realidad me enseñó algo completamente distinto.

En el momento en que sentí que finalmente, había encontrado la estabilidad emocional y claridad en mi propósito, ya que había trabajado intensamente en soltar patrones de control y que había logrado cultivar relaciones más armoniosas, sintiéndome en paz con lo que estaba creando; algo inesperado ocurrió: un desacuerdo con mi esposo removió viejas emociones que creía haber superado. Me vi reaccionando de maneras que pensé que ya había dejado atrás. Fue desconcertante.

En ese momento, me sentí como si hubiera fallado. Me pregunté: ¿Cómo es posible que esto siga afectándome después de todo el trabajo que he hecho? Pero, en lugar de quedarme en el juicio, decidí observar la situación desde otra perspectiva. Me di cuenta de que esos desafíos no eran retrocesos, sino una invitación para profundizar aún más en lo que ya había aprendido. Comprendí que el trabajo interno no es una línea recta, sino un ciclo, un proceso constante de descubrir, soltar, integrar y volver a descubrir.

Esta experiencia me enseñó algo esencial: la transformación no es un destino, es un compromiso diario. No se trata de alcanzar un estado "perfecto", sino de aprender a vivir el proceso con conciencia, permitiéndote ser humano, imperfecto, y aun así, completamente digno. Cada vez que enfrentas un desafío, te acercas un poco más a tu esencia, si eliges verlo como una oportunidad para crecer.

Pregúntate, ¿Cómo sería tu vida si vieras cada desafío como una invitación a evolucionar?

Quiero invitarte a reflexionar sobre algo profundo: ¿Cuántas veces te has sentido atrapado en un ciclo de repetición, enfrentando los mismos problemas una y otra vez? Quizás te hayas juzgado por ello, pensando que no has avanzado lo suficiente. Pero, ¿qué pasaría si en lugar de verte como alguien "que no aprende", te vieras como alguien que está siendo pulido por la vida para alcanzar su máximo potencial?

Imagina cada desafío como un maestro que aparece para mostrarte algo que aún necesitas comprender, integrar o soltar. ¿Cómo cambiaría tu percepción si supieras que nada de lo que enfrentas es en vano? ¿Y si cada experiencia, incluso las más difíciles, estuvieran diseñadas para ayudarte a crecer y reconectar con tu esencia?

"La transformación no es un destino; es un compromiso continuo contigo mismo. Es el proceso en el que te conviertes, cada día, en la persona que estás destinado a ser."

En este punto, es importante entender que la transformación no siempre se trata de hacer grandes cambios externos. A veces, el acto más poderoso es detenerse, escuchar y aceptar lo que el momento presente tiene para ofrecerte. La vida siempre está en movimiento, y tú formas parte de ese flujo constante. Cuando te resistes al cambio, sufres. Pero cuando te permites fluir con él, como el agua que se adapta al curso del río, encuentras paz incluso en medio de la incertidumbre. Comienzas a estar presente y ves señales en todo lo que ocurre, ves mensajes, te das cuenta que las coincidencias no existen, que todo tiene un propósito, que todo está conectado y ves milagros en todas partes.

La clave para vivir en transformación continua es el equilibrio. Este equilibrio no significa ausencia de retos, sino aprender a permanecer centrado mientras navegas por ellos. Es confiar en que, aunque el camino no siempre sea claro, cada paso tiene un propósito.

Piénsalo de esta manera: cuando una semilla germina, necesita romper su cáscara para crecer. Ese proceso puede parecer violento y disruptivo, pero es necesario para que la planta alcance su máximo potencial. Tú eres esa semilla. Cada desafío que enfrentas, cada capa que sueltas, te acerca más a la luz que llevas dentro. Así que no te desanimes si sientes que los primeros retos te cuestan, si te ves reaccionando otra vez después de estar trabajando en ti, simplemente entiende que es parte del proceso y son oportunidades para que retomes el camino, vas a sentir que el camino es duro, tal vez vas a sentir que las personas, lugares, actividades que solías frecuentar ya no resuenan contigo, esto te puede llevar a un periodo de aparente "soledad" pero es normal, estas recalibrando tu energía, y cuando lo logres vas a conectar con nuevas personas, nuevos lugares, nuevos intereses y nuevas actividades que resuenen con tu nuevo yo.

En el camino de la transformación continua, la certeza juega un papel crucial. No es la certeza de saber exactamente qué sucederá o cómo, sino la confianza profunda en que todo lo que experimentas está ocurriendo para tu mayor bien. Es la certeza de que cada paso que das, incluso los que parecen pequeños o insignificantes, están diseñando tu realidad.

Cuando integras esta certeza, ya no necesitas controlar cada aspecto de tu vida. Dejas de pelear con el "cómo" y comienzas a confiar en el proceso. Esto no significa que te vuelvas pasivo o resignado; al contrario, significa que actúas con intención y paz, sabiendo que el universo está trabajando contigo y no contra ti.

Ahora te pregunto: ¿Qué desafíos actuales puedes ver como oportunidades para transformarte? ¿Qué parte de ti está lista para soltar el control y confiar más en el proceso? La respuesta a estas preguntas puede ser la clave para desbloquear la próxima etapa de tu vida.

Este capítulo no marca un final; marca un nuevo comienzo. La transformación no es un evento que sucede una sola vez; es un viaje que eliges cada día. Con cada pensamiento, intención y acción, estás creando una nueva versión de ti mismo.

Acepta cada desafío como una invitación para crecer. Mantente presente, confía en tu proceso y recuerda que la vida siempre te está guiando hacia lo que necesitas, aunque no siempre sea lo que esperas. La verdadera magia está en el compromiso que haces contigo mismo: el de seguir transformándote, paso a paso, con amor y paciencia.

"La transformación no es algo que haces; es algo que eres".

La transformación no es un destino fijo al que llegamos y permanecemos para siempre. Es un proceso continuo, cíclico, que nos invita a evolucionar una y otra vez. La vida es un flujo constante de aprendizaje, crecimiento y ajuste. En este ciclo, lo que hoy representa un desafío mañana se convierte en una oportunidad para demostrar lo que has aprendido y evolucionar hacia una versión más auténtica de ti mismo.

Imagina la transformación como un espiral ascendente. A menudo sientes que vuelves a enfrentarte a los mismos problemas o emociones, pero en realidad estás abordándolos desde un nivel de conciencia más elevado. Cada vuelta del espiral te permite integrar nuevas lecciones, soltar viejas capas de tu ser y acercarte más a tu esencia.

Entender este proceso te libera de la frustración de sentir que "no avanzas" porque te encuentras con desafíos similares. En lugar de verlo como un retroceso, comienza a verlo como un refinamiento: cada ciclo te prepara mejor para enfrentar la vida con más sabiduría, claridad y propósito.

Pregúntate ahora ¿Qué desafío recurrente en tu vida puedes reinterpretar como una oportunidad para integrar una lección más profunda? ¿Qué pasaría si eligieras verlo como un peldaño hacia tu evolución?

Tu realidad externa no es más que un espejo de lo que sucede en tu mundo interno. Si vives en un estado constante de miedo, frustración o carencia, es probable que eso sea lo que encuentres reflejado en las personas, situaciones y oportunidades que te rodean. Pero cuando eliges transformar tu interior, el espejo de la realidad comienza a cambiar.

Piénsalo: cuando experimentas amor, gratitud y confianza, tus interacciones con los demás cambian automáticamente. La energía que emites influye en cómo los demás responden a ti, cómo las oportunidades se presentan y cómo percibes el mundo. No se trata de negar los desafíos externos, sino de entender que tu percepción y tu energía son las que determinan cómo los enfrentas.

El cambio verdadero siempre comienza dentro de ti. Por ejemplo, si deseas más abundancia en tu vida, primero pregúntate: ¿Estoy vibrando desde la abundancia o desde la carencia? No puedes atraer lo que no estás dispuesto a crear en tu interior.

Reflexiona ¿Qué aspectos de tu realidad actual podrían estar reflejando creencias, emociones o patrones internos? ¿Qué transformación interna podrías iniciar hoy para cambiar ese reflejo?

El papel del ego en la transformación

El ego es una de las fuerzas más complejas y, al mismo tiempo, necesarias en el proceso de transformación. No es tu enemigo, pero puede convertirse en un obstáculo si no eres consciente de su influencia. El ego quiere mantenerte seguro, aferrándote a lo conocido, incluso si lo conocido no es lo que realmente deseas.

El ego se manifiesta como esa voz interna que te dice:

- "No eres suficiente."

- "Si fallas, serás juzgado."

- "Debes controlar todo para que nada salga mal."

Cuando permites que el ego te domine, tu vida se convierte en una lucha constante por demostrar tu valor, evitar el fracaso o controlar lo incontrolable. Sin embargo, el ego también puede ser un aliado si eliges transformarlo. En lugar de luchar contra él, puedes observarlo, reconocer sus miedos y utilizarlo como un indicador de dónde necesitas trabajar.

Por ejemplo, si tu ego insiste en que necesitas el reconocimiento externo para sentirte valioso, pregúntate: ¿Qué parte de mí no se siente suficiente tal como soy? Al abordar esta pregunta con compasión, puedes liberar al ego de su necesidad de control y comenzar a actuar desde tu esencia.

Cómo poner el ego a tu favor:

1.   Obsérvalo sin juicio: Identifica cuándo el ego está hablando y qué está tratando de proteger.

2.   Responde con amor: En lugar de luchar contra el ego, pregúntale: ¿Qué necesitas para sentirte seguro?

3.   Transforma su energía: Usa la determinación del ego para alimentar tus metas desde un lugar de autenticidad.

Reflexiona ¿Qué parte de tu vida está siendo dominada por el ego? ¿Cómo podrías empezar a dialogar con él en lugar de resistirlo?

La necesidad de control es una ilusión que el ego utiliza para darnos una falsa sensación de seguridad. Nos aferramos a planes rígidos, expectativas específicas y resultados predeterminados porque creemos que eso nos protegerá del fracaso, el dolor o la incertidumbre. Pero la verdad es que el control absoluto no existe, y cuanto más intentamos aferrarnos, más sufrimos.

La verdadera libertad y transformación ocurren cuando aprendes a soltar el control. Esto no significa que renuncies a tus metas o deseos, sino que confías en que el universo tiene una perspectiva más amplia y sabe exactamente lo que necesitas para evolucionar.

Por ejemplo, tal vez estés buscando un cambio profesional y tienes una idea muy específica de cómo debería suceder. Pero cuando ese plan no se materializa, podrías sentirte frustrado o derrotado. Sin embargo, si eliges mantenerte abierto y confiar, podrías descubrir oportunidades que nunca habrías considerado y que están más alineadas con tu propósito.

Reflexiona: ¿Qué estás tratando de controlar en tu vida? ¿Cómo podrías abrirte a la posibilidad de que el universo te está guiando hacia algo mejor?

Persistir no significa aferrarse obstinadamente a un camino específico; significa comprometerte con tu propósito mientras te mantienes abierto a ajustar tu rumbo cuando sea necesario. La flexibilidad te permite adaptarte a las circunstancias cambiantes sin perder de vista tus metas, mientras que la persistencia te da la fuerza para seguir avanzando incluso cuando los resultados no son inmediatos.

Por ejemplo, si estás trabajando en sanar una relación, la persistencia podría ser seguir comunicándote con amor y paciencia, mientras que la flexibilidad podría ser aceptar que el proceso de sanación toma tiempo y que ambas partes tienen su propio ritmo. Este equilibrio te ayuda a mantenerte comprometido sin caer en la frustración o el agotamiento.

Tu Poder para Transformar tu Realidad

La transformación continua es una experiencia que te invita a reconectar con tu esencia y rediseñar tu vida desde adentro hacia afuera. Cada pensamiento, cada emoción y cada acción que eliges están moldeando tu realidad.

Piensa en esto: cada vez que eliges actuar desde el amor en lugar del miedo, cada vez que decides soltar una creencia limitante, estás cambiando el curso de tu vida. No necesitas esperar grandes momentos para transformarte; cada día es una oportunidad para dar un paso hacia la persona que estás destinado a ser.

El ego puede intentar desviarte, los desafíos pueden parecer abrumadores, pero tienes el poder de elegir tu respuesta en cada momento. La clave está en mantener la certeza de que todo lo que experimentas está diseñado para ayudarte a crecer, incluso cuando no lo entiendas de inmediato.

La vida no te pide perfección; te pide compromiso. Te pide que confíes en tu capacidad de transformarte, una y otra vez, y que recuerdes que cada paso por pequeño que sea, está construyendo la realidad que deseas. La pregunta no es si puedes transformarte, es: ¿Estás dispuesto a caminar este camino con intención, flexibilidad y fe en el proceso?

Richard Branson - Transformar Límites en Posibilidades

Richard Branson nació en un hogar lleno de amor, pero con recursos limitados. Desde pequeño, enfrentó el desafío de vivir con dislexia, una condición que dificultaba su desempeño en la escuela. Mientras otros niños memorizaban textos con facilidad, Richard pasaba largas horas luchando por descifrar palabras simples. Su mente trabajaba de manera diferente, y mientras los maestros lo calificaban como "poco prometedor", él comenzó a desarrollar un rasgo que cambiaría su vida: la creatividad para resolver problemas.

A los 16 años, Branson tomó una decisión audaz: dejar la escuela. Aunque muchos lo veían como un fracaso, él sabía que el sistema educativo tradicional no estaba diseñado

239

para su forma de aprender y soñar. Fue en esa etapa cuando decidió lanzar su primera revista, *Student*. No tenía dinero, experiencia ni contactos, pero sí una idea clara: quería crear un espacio donde los jóvenes pudieran expresarse.

El camino no fue fácil. Richard caminaba de puerta en puerta buscando anunciantes, enfrentando rechazos constantes. Sin embargo, cada "no" era para él una invitación a mejorar su enfoque, a ser más persistente. En poco tiempo, la revista comenzó a ganar popularidad, y con ello, nació una chispa en él: podía convertir sus ideas en realidades tangibles si estaba dispuesto a trabajar incansablemente por ellas.

Años después, Branson fundaría Virgin Records, una disquera que cambiaría la industria musical al firmar artistas que otros consideraban arriesgados. Pero su verdadero salto vino cuando decidió expandir su visión con Virgin Airlines, enfrentándose a gigantes de la aviación como British Airways. Richard enfrentó boicots, desafíos financieros y críticas, pero siempre mantuvo una actitud flexible. Cuando una estrategia no funcionaba, no lo veía como un fracaso, sino como una oportunidad para redirigir su rumbo.

La historia de Branson nos enseña que nuestras limitaciones no nos definen; nuestras elecciones sí. Cada vez que eliges persistir frente a un obstáculo, estás creando una realidad diferente. Pregúntate: ¿Qué ideas o sueños has abandonado porque te parecieron imposibles? ¿Qué podrías lograr si transformas tus limitaciones en oportunidades para crecer?

Richard Branson nos invita a recordar que no importa cuántas veces caigas, lo importante es levantarte con más sabiduría y determinación. El fracaso no es el final, sino una señal de que estás aprendiendo y avanzando.

Frida Kahlo - Encontrando Belleza en el Dolor

Frida Kahlo no era ajena al sufrimiento. A temprana edad, su vida estuvo marcada por el dolor físico y emocional. A los seis años, contrajo polio, lo que dejó una de sus piernas más débil que la otra, haciéndola objeto de burlas constantes. Pero Frida nunca permitió que las miradas de los demás definieran quién era. Con un espíritu indomable, se enfocó en su intelecto, en su creatividad y en su pasión por la vida.

A los 18 años, su vida cambió de manera radical. Un accidente de autobús la dejó con múltiples fracturas en la columna vertebral, la pelvis y las costillas. Los médicos dudaban de que pudiera caminar nuevamente, y durante meses estuvo confinada a una cama. Para muchos, este habría sido un punto final. Pero para Frida, fue el inicio de una transformación profunda.

Confinada en su habitación, Frida pidió un caballete especial que le permitiera pintar mientras estaba acostada. Usando un espejo que colgaba sobre su cama, comenzó a pintar autorretratos que reflejaban no solo su dolor físico, sino también su mundo interno: sus emociones, sus pensamientos y su percepción única de la vida.

Cada pincelada fue un acto de resistencia, una declaración de que, aunque su cuerpo estaba roto, su espíritu permanecía intacto. Frida no sólo pintaba para expresar su dolor, sino para transformarlo en algo hermoso y poderoso. Sus obras, llenas de colores vibrantes, símbolos de lucha y pasión, se convirtieron en un medio para conectar con el mundo.

A lo largo de su vida, Frida enfrentó desafíos constantes: problemas de salud, un matrimonio turbulento y una sociedad que no valoraba el arte de las mujeres como el de los hombres. Pero nunca dejó de crear, nunca dejó de expresar su verdad. Hoy, Frida Kahlo es un símbolo de autenticidad, resiliencia y transformación, mostrando que incluso en las circunstancias más difíciles podemos encontrar belleza y propósito.

Frida nos enseña que el dolor no tiene que ser un enemigo; puede ser un maestro. ¿Qué partes de tu vida estás viendo como barreras que podrían ser transformadas en fuentes de inspiración? ¿Qué podrías crear si eligieras ver tus desafíos como una invitación a expresar tu verdad?

Su vida nos recuerda que no importa cuánto dolor enfrentes, siempre hay una chispa dentro de ti que puede encender una nueva visión de lo que eres capaz de lograr.

Las historias de Richard Branson y Frida Kahlo son ejemplos vivos de cómo la transformación comienza en el interior. Ambos enfrentaron circunstancias que habrían paralizado a muchos, pero eligieron responder con creatividad, perseverancia y una conexión profunda con su propósito.

Ahora, te pregunto:

•¿Qué historias internas te están limitando en este momento?

•¿Qué parte de tu vida necesita una transformación desde el amor, la creatividad y la determinación?

•¿Qué pasos podrías dar hoy para reescribir tu narrativa y alinear tu realidad con tu esencia?

La transformación no es un destino al que llegas, es un proceso continuo que te invita a evolucionar y crecer. Cada obstáculo es una oportunidad para descubrir más de ti mismo, para soltar lo que ya no te sirve y para dar pasos hacia una vida más auténtica y plena.

Hoy mismo, haz una lista de los desafíos que más te pesan y pregúntate: ¿Qué lección o mensaje me están ofreciendo? ¿Qué pequeño paso puedo dar para transformarlos en oportunidades?

Recuerda que la transformación no ocurre en un solo momento épico. Ocurre en las decisiones diarias que tomas para elegir el amor sobre el miedo, la acción sobre la inercia y la fe sobre la duda. Como Branson y Frida, tienes dentro de ti la capacidad de convertir tu realidad en una obra de arte.

El mundo necesita de tu historia, tu autenticidad y tu valentía para inspirar a otros. ¿Qué historia elegirás crear a partir de hoy?

Diseñar tu realidad es como aprender a navegar un río. El agua fluye constantemente, llevando consigo la energía de tus pensamientos, emociones y acciones. Puedes dejarte arrastrar por la corriente sin dirección, o puedes aprender a remar con intención y confianza, eligiendo hacia dónde deseas que te lleve. Este capítulo te enseñará cómo tomar el control de ese flujo, reconociendo que cada elección, cada pequeño movimiento de tu remo, tiene el poder de redirigir tu destino.

En la vida, como en un río, todo es energía en movimiento. La intención es el timón que te permite dirigir esa energía. Pero para navegar con éxito, necesitas tres cosas: claridad sobre tu destino, la fuerza para remar con consistencia y la humildad para permitir que las corrientes universales te guíen hacia lo que realmente necesitas, incluso si no siempre es lo que esperabas.

Paso 1: Claridad - Define tu Dirección

No puedes navegar un río si no sabes a dónde quieres llegar. La claridad es el primer paso para diseñar tu realidad. Sin ella, estarás a merced de las corrientes externas, dejándote llevar por las expectativas de los demás o por tus propias dudas internas.

Ejercicio: Establece tu Intención con Propósito

1.	Define tu destino: Escribe una meta específica que quieras alcanzar. En lugar de algo vago como "Quiero ser más feliz," escríbelo con detalle. Por ejemplo: "Estoy viviendo una vida plena, donde disfruto cada día haciendo lo que amo y contribuyendo al bienestar de los demás."

2.	Pregúntate por qué importa: Explora las razones detrás de tu meta. Pregunta:

•	¿Qué significa para mí lograr esto?

•	¿Qué emociones me genera imaginarlo?

•	¿Cómo impactará esto en mi vida y en las personas que amo?

3.	Visualízate navegando hacia esa meta: Cierra los ojos e imagina cómo sería estar en ese lugar. ¿Qué ves? ¿Cómo te sientes? ¿Cómo fluye tu energía al estar allí?

Por ejemplo, si tu intención es mejorar tus relaciones, visualiza momentos de conexión auténtica con tus seres queridos: una conversación profunda, una risa compartida, el sentimiento de apoyo mutuo. Permite que esa imagen guíe tus acciones.

Paso 2: Alineación - Sintoniza tu Energía con tu Meta

Navegar un río no solo requiere un destino claro, sino también la habilidad de remar en armonía con las corrientes. Esto significa alinear tus pensamientos, emociones y acciones con la dirección que deseas tomar. Si tus pensamientos son contradictorios o tus emociones están dominadas por el miedo, estarás remando en contra de la corriente.

Ejercicio: Eleva tu Vibración para Alinear tu Energía

1.   Observa tu estado interno: Pregúntate:

• ¿Qué pensamientos recurrentes me surgen cuando pienso en mi meta?

• ¿Mis emociones apoyan mi intención o me generan resistencia?

2.   Transforma tus pensamientos limitantes: Si identificas dudas o miedos, cámbialos por afirmaciones que refuercen tu confianza. Por ejemplo:

Pensamiento limitante: "Nunca lograré esto."

Afirmación: "Estoy avanzando constantemente hacia mi meta, confiando en el proceso."

3.   Conecta con emociones positivas: Dedica unos minutos cada día a sentir gratitud por lo que ya tienes y por lo que estás creando. Esto te coloca en una frecuencia que atrae más de lo que deseas.

Por ejemplo, si tu meta es generar ingresos haciendo lo que amas, pero sientes inseguridad, reemplaza el miedo con gratitud: "Estoy agradecido por cada oportunidad que me permite aprender y crecer en mi camino profesional."

Paso 3: Acción Consciente - Remar con Intención

Una vez que tienes claridad sobre tu destino y estás alineado con la corriente energética correcta, es momento de remar. Las acciones conscientes son los movimientos que hacen que el barco avance, incluso cuando las aguas parecen calmas o desafiantes.

Ejercicio: Crea un Plan de Navegación Consciente

1. Define pequeñas acciones diarias: Divide tu meta en pasos manejables y específicos. Por ejemplo, si tu meta es mejorar tu salud, tus acciones pueden incluir:

   • Preparar una comida saludable al día.

   • Caminar 20 minutos cada mañana.

   • Meditar antes de dormir para reducir el estrés.

2. Evalúa tu progreso: Al final de cada día, reflexiona:

   • ¿Qué acciones tomé hoy que me acercaron a mi meta?
   • ¿Qué puedo ajustar para remar con más fuerza mañana?

3. Celebra cada avance: No esperes hasta llegar a tu destino para celebrar.

Cada pequeño paso es una victoria que refuerza tu confianza y tu compromiso.

Por ejemplo, si tu meta es lanzar un proyecto creativo, tus acciones pueden incluir:

   • Dedicar 30 minutos diarios a trabajar en tu idea.

- Investigar recursos que te ayuden a mejorar tu proyecto.
- Compartir tu progreso con alguien de confianza para mantenerte motivado.

Es importante recordar que no siempre verás resultados inmediatos, pero cada remo que das está moviendo la energía a tu favor. El río de la vida no siempre fluye en línea recta; habrá curvas y obstáculos, pero cada uno de ellos es una oportunidad para redirigir tu enfoque y aprender.

Las aguas del río de la vida siempre te llevan hacia el propósito más elevado de tu alma, incluso cuando no lo entiendas de inmediato. Mantén la fe en que cada acción que tomas está siendo respaldada por una energía más grande, siempre que actúes con intención y confianza.

Diseñar tu realidad no se trata de controlar cada detalle del río, sino de aprender a fluir con sus corrientes mientras mantienes firme el timón de tu intención. Cada pensamiento, cada emoción y cada acción son los remos que te permiten avanzar hacia tu meta.

Hoy, identifica una meta que te inspire profundamente y escribe tres acciones que puedas tomar esta misma semana para acercarte a ella. Hazlo con la certeza de que cada esfuerzo cuenta, incluso si los resultados no son inmediatos. Confía en que el río de la vida siempre te lleva a donde necesitas estar, mientras sigas remando con intención.

Recuerda: el poder de transformar tu realidad está en tus manos. Cada elección que haces, cada movimiento que realizas, está moldeando el camino frente a ti. ¿Qué realidad eliges empezar a crear hoy?

El cambio verdadero comienza con preguntas poderosas que revelan tu verdad más profunda. Por eso este libro esta escrito de manera que te puedas preguntar y reflexionar todo el tiempo; cuando te permites reflexionar, te das cuenta de que tienes más poder del que imaginas para moldear tu vida. Diseñar tu realidad es una danza entre tu intención consciente y las acciones que tomas para manifestarla. Este libro está diseñado para ayudarte a mirar hacia adentro, comprender las áreas que necesitan tu atención y dar los primeros pasos hacia un cambio real.

Las preguntas que encontrarás a continuación son un espejo que refleja las creencias, patrones y emociones que han moldeado tu vida hasta ahora. Al responderlas, no solo identificas estas dinámicas, te empoderas para transformarlas. Cada pregunta te acerca a una mayor claridad y conexión contigo mismo, mientras te prepara para tomar acción con intención.

1.   *¿Qué áreas de mi vida siento que no están alineadas con lo que realmente deseo?*

Reflexión: Identificar estas áreas te permite reconocer en dónde estás gastando energía que no te acerca a lo que quieres. A menudo, estas áreas están asociadas con creencias limitantes o miedo al cambio.

Ejemplo de respuesta: "Mi vida profesional no refleja mis pasiones. Trabajo en algo que no me inspira porque tengo miedo de arriesgarme a buscar lo que realmente amo. Esto me genera frustración y una sensación constante de vacío."

2.   *¿Qué pensamientos recurrentes tengo que podrían estar bloqueando mi progreso?*

Reflexión: Nuestros pensamientos son como las raíces de un árbol; si las raíces están contaminadas, el árbol no puede florecer. Reconocer tus pensamientos limitantes te da la oportunidad de desafiarlos y transformarlos.

Ejemplo de respuesta: "Frecuentemente pienso que no soy lo suficientemente capaz para lograr mis metas. Este pensamiento me paraliza y me impide tomar riesgos."

3.   ¿Qué emociones predominan en mi día a día? ¿Están alineadas con la energía de lo que quiero atraer?

Reflexión: Tus emociones son el combustible de tu vibración. Al observarlas, puedes identificar si estás operando desde el miedo, la frustración o la gratitud, y hacer los ajustes necesarios para alinearte con lo que deseas atraer.

Ejemplo de respuesta: "Me he dado cuenta de que vivo en un estado constante de preocupación por el futuro. Esta energía me mantiene estancado y no me permite disfrutar del presente."

4.   ¿Qué pequeña acción puedo tomar hoy que esté en sintonía con la realidad que quiero crear?

Reflexión: El cambio no ocurre de golpe; se construye a través de pequeñas acciones conscientes. Este enfoque te ayuda a romper la inercia y comenzar a avanzar.

Ejemplo de respuesta: "Hoy puedo dedicar tiempo a aprender sobre algo que me apasione, como la fotografía. Esto me conectará con mi creatividad y me acercará a una vida más alineada con mis intereses."

5.   ¿Qué significado tiene para mí la meta que quiero alcanzar? ¿Cómo se conecta con mi propósito más profundo?

Reflexión: Conectar tus metas con tu propósito mayor le da sentido a tus esfuerzos y te motiva a seguir adelante, incluso cuando enfrentas obstáculos.

Ejemplo de respuesta: "Quiero iniciar un negocio propio porque siento que mi propósito es crear algo que aporte valor a los demás y refleje mi autenticidad. Esto me daría una sensación de realización y libertad."

Estas preguntas no son simples ejercicios de introspección; son puertas que te abren al autoconocimiento. Responderlas con honestidad te permite descubrir los patrones que te han frenado y las oportunidades que tienes para redirigir tu energía. Más allá de responder, el verdadero valor está en lo que haces con esas respuestas.

Por qué son esenciales estas preguntas:

1.   Reconocen áreas de oportunidad: Cuando identificas las áreas de tu vida que no están alineadas con tus valores, puedes tomar decisiones más conscientes para ajustarlas.

2.   Transforman pensamientos limitantes: Los pensamientos son como semillas que dan forma a tu realidad. Este ejercicio te ayuda a sustituir pensamientos que te limitan por aquellos que te empoderan.

3.   Alinean tus emociones con tus metas: Las emociones son una brújula que indica si estás vibrando en la frecuencia adecuada. Reflexionar sobre ellas te da el poder de redirigir tu energía.

4.   Impulsan acciones concretas: La claridad sobre tus metas y tus emociones te permite tomar pasos tangibles hacia lo que quieres, transformando la reflexión en movimiento.

5. Conectan con tu propósito: Entender el "por qué" detrás de tus metas fortalece tu determinación y te da un sentido de dirección.

Ejercicio Interactivo: Respuestas y Acciones

1. Escribe tus respuestas: Tómate al menos 15 minutos para reflexionar profundamente sobre cada pregunta. Deja que las palabras fluyan sin juicios ni censura.

2. Analiza tus patrones: Una vez que tengas tus respuestas, busca conexiones o temas recurrentes. Por ejemplo, ¿hay creencias que se repiten en diferentes áreas de tu vida?

3. Define tus primeras acciones: Por cada pregunta, escribe una acción específica que puedas tomar esta semana para avanzar hacia una mayor alineación.

Ejemplo:

- Pregunta: ¿Qué emociones predominan en mi día a día?
- Respuesta: "Siento mucho estrés por no saber si voy a lograr mis metas."

Patrón detectado: Ansiedad causada por la necesidad de controlar resultados.

Acción: "Voy a practicar 10 minutos de respiración consciente cada mañana para centrarme en el presente y confiar en el proceso."

Las respuestas a estas preguntas son más que palabras; son el inicio de un cambio real. Reflexionar te permite iluminar las áreas que han estado en la sombra, para que puedas trabajar en ellas con intención. Recuerda que este proceso no es un destino final, sino un camino que se recorre paso a paso.

El simple acto de detenerte a reflexionar cambia la dirección de tu vida. Es un recordatorio de que tienes el poder de transformar no solo tus circunstancias, también la forma en que las enfrentas. Cada pregunta te da una llave para abrir nuevas posibilidades y diseñar una realidad que esté en total sintonía con tu esencia.

Lleva tus Reflexiones a la Acción

Reflexionar es solo el comienzo; la verdadera transformación ocurre cuando conviertes esas reflexiones en acción. No importa qué tan pequeña sea la acción, lo importante es que esté alineada con tu propósito y tus intenciones.

Hoy, elige una de las preguntas que más resonó contigo y comprométete a tomar una acción concreta basada en tu respuesta. Observa cómo ese pequeño paso comienza a abrir caminos que antes parecían cerrados. Recuerda: cada reflexión que haces y cada acción que tomas es una declaración poderosa al universo de que estás listo para diseñar la vida que mereces. ¡El momento es ahora!

A lo largo de este capítulo, hemos explorado cómo diseñar tu realidad es un proceso que nace en tu interior y se refleja en el exterior. Has aprendido que la coherencia entre tus pensamientos, emociones y acciones es esencial para manifestar lo que deseas. Sin embargo, hay un aspecto igualmente importante que muchas veces pasamos por alto: el arte de estar en el estado correcto para recibir.

En la vida, no se trata solo de dar pasos hacia tus metas, sino también de abrirte a recibir con plenitud. Desde la perspectiva cabalista, el recibir no es un acto pasivo; es una habilidad activa que requiere trabajo interno. Para que puedas atraer lo que deseas, necesitas expandir tu capacidad de recibir, y esto solo ocurre cuando tu estado interior está alineado con la energía que quieres atraer.

La Cábala enseña que todos nacemos con un deseo de recibir, pero la clave está en transformar ese deseo egoísta en un deseo compartido con propósito. Esto significa, que para recibir abundancia, primero debes alinearte con un estado de gratitud, apertura y disposición para compartir. No puedes recibir aquello para lo que no estás preparado.

Imagina esto: El universo es como un océano infinito de posibilidades y bendiciones, pero tu capacidad de recibir es como un recipiente. Si ese recipiente está lleno de dudas, inseguridades o pensamientos limitantes, no hay espacio para que las bendiciones lleguen. Por eso, tu trabajo no es solo crear tu realidad, sino también preparar tu interior para recibirla.

El Trabajo Interno: Preparar tu Estado para Recibir

1.   Limpia tu "recipiente": Reflexiona sobre las creencias que pueden estar bloqueando tu capacidad de recibir. Por ejemplo, muchas personas sienten que no merecen abundancia o que necesitan esforzarse constantemente para lograr algo. Identifica estas creencias y cámbialas por pensamientos que reflejan tu valía y tu apertura.

Ejemplo de cambio:

Pensamiento limitante: "Nada bueno llega fácilmente."

Pensamiento transformador: "Estoy listo para recibir con facilidad, porque mi energía está alineada con el bien que merezco."

2.   Abre tu corazón con gratitud: La gratitud es la herramienta más poderosa para expandir tu capacidad de recibir. Cuando agradeces incluso antes de que algo llegue, estás enviando una señal al universo de que estás listo para recibirlo. Haz un ejercicio diario de gratitud, no solo por lo que ya tienes, sino también por lo que estás creando.

3.   Confía en el proceso: La Cábala también nos enseña que las bendiciones no siempre llegan en la forma que esperamos, pero siempre llegan en el momento y de la manera que necesitamos. Suelta el apego al "cómo" y confía en que el universo trabaja a tu favor cuando estás alineado con tu propósito.

Recibir no es un acto egoísta; es un acto sagrado. Cuando trabajas en tu capacidad de recibir, no solo te beneficias tú, sino que también creas un impacto positivo en el mundo. Piensa en esto: al recibir abundancia, tienes más para compartir, ya sea amor, recursos, tiempo o energía. Este flujo constante de dar y recibir es lo que mantiene el equilibrio en el universo.

¿Estás listo para abrirte a recibir todo lo que el universo tiene para ti? Recuerda que el trabajo no está solo en las acciones externas, sino en las internas. Cada vez que eliges liberarte de una creencia limitante, practicar gratitud o confiar en el proceso, estás preparando tu interior para recibir en mayor medida.

Prepara tu Interior y Actúa con Intención

Primer paso: Dedica un momento hoy para reflexionar sobre tu capacidad de recibir. Pregúntate:

•   ¿Qué creencias o emociones podrían estar bloqueando mi capacidad de recibir?

•   ¿Estoy realmente dispuesto a aceptar lo que deseo, incluso si llega de formas inesperadas?

Segundo paso: Haz un ejercicio diario de gratitud. Por ejemplo: escribe tres cosas por las que agradeces hoy y tres cosas que esperas recibir con gratitud en el futuro. Esto alinea tu vibración con la energía de la abundancia.

Tercer paso: Da un pequeño paso hacia tu meta, pero suelta el apego al resultado. En lugar de preocuparte por cómo llegarán las cosas, enfócate en mantenerte alineado con tu intención. Confía en que las acciones que tomas están moviendo energías a tu favor.

"La verdadera abundancia no proviene de cuánto haces, sino de cuán abierto estás a recibir lo que el universo tiene para ti. Trabaja en tu interior y el resto se manifestará."

Vive como un Creador Consciente

Tu capacidad de recibir está directamente relacionada con tu capacidad de confiar, agradecer y actuar en coherencia con tus deseos. Hoy, tienes la oportunidad de trabajar en tu interior para expandir tu recipiente y abrirte a un flujo infinito de posibilidades. No esperes a que las circunstancias sean perfectas; empieza ahora, porque cada pensamiento, emoción y acción están transformando tu realidad.

¿Qué harás hoy para prepararte para recibir la vida que mereces? El universo está listo para entregarte todo. ¿Estás listo para aceptarlo?

REFLEXION FINAL

Te agradezco y te felicito por haber llegado al final, por tomar acción consciente y trabajar en recuperar tu poder para ser el creador de tu realidad. A lo largo de estas páginas, hemos recorrido juntos un camino de autodescubrimiento y transformación. Este libro no ha sido simplemente un compendio de ideas y herramientas; ha sido una invitación a volver a casa, a reconectar con tu esencia, con ese lugar dentro de ti donde reside tu poder creador. La fuente de todo lo creado está ahí, esperando a que la escuches, a que te alinees con su infinito potencial.

Recuerda esto: Todo lo que necesitas para transformar tu realidad ya está dentro de ti. No hay una circunstancia externa que tenga más poder sobre tu vida que el que tú elijas darle. Has descubierto que tus pensamientos, emociones, intenciones y acciones no solo afectan tu vibración, sino que diseñan activamente el mundo que experimentas. Ahora tienes en tus manos el poder de elegir qué realidad deseas crear.

Pero este proceso es un compromiso continuo contigo mismo. La conexión con tu esencia, con la fuente de todo, es como un músculo que se fortalece con la práctica. Habrá días en los que sientas claridad y alineación, y otros en los que el ruido del mundo externo intenta desconectarte de tu propósito. Es en esos momentos cuando este libro se convierte en tu aliado, tu mapa para regresar a ti mismo.

El Poder de Recordar y Recalibrar

Cuando te enfrentes a desafíos, cuando sientas que has perdido el rumbo, vuelve a estas páginas. Relee los capítulos que te llamen la atención en ese momento, realiza los ejercicios que más resonaron contigo y permite que las palabras te sirvan como un recordatorio de quién eres y del poder que tienes para cambiar tu vida.

Cada capítulo ha sido diseñado para darte herramientas que no solo transforman tus pensamientos y emociones, sino que también elevan tu vibración y te alinean con las infinitas posibilidades que el universo tiene para ofrecerte. Recuerda que el acto de crear tu realidad no es algo que sucede en el futuro; está sucediendo ahora, con cada pensamiento, con cada intención y con cada acción.

Un Llamado Urgente a la Acción

No dejes que lo que has aprendido aquí se quede solo como una idea o inspiración pasajera. La transformación ocurre cuando tomas acción consciente, cuando aplicas lo que aprendes para dar un paso hacia la vida que deseas. ¿Qué puedes hacer hoy, en este momento, para alinear tu vibración con la realidad que quieres manifestar? Quizás sea practicar gratitud, visualizar tu meta con claridad o simplemente detenerte un momento para reconectar contigo mismo.

Cada pequeña acción que tomes desde la conciencia es como una piedra lanzada a un lago: sus ondas se expanden mucho más allá de lo que puedes ver. No subestimes el impacto de tus decisiones diarias. Cada paso cuenta, y cada paso te acerca más a tu esencia y a la vida que estás destinado a vivir.

El Poder está en Ti

Detente por un momento y recuerda, el universo entero está escuchándote, listo para conspirar a tu favor. ¿Qué mensaje le estás enviando ahora mismo con tus pensamientos y emociones? ¿Qué vibración estás emitiendo? La clave no está en esperar a que algo cambie externamente, sino en elegir cambiar internamente. *Cuando te alineas con tu esencia, cuando actúas desde la certeza y el propósito, el universo responde.*

Este libro es una invitación a recordar que siempre puedes volver a ti. Siempre puedes reconectar con tu fuente creadora, con esa chispa divina que te guía y que te recuerda que estás aquí para algo más grande que tus miedos, tus dudas o tus circunstancias.

Estás aquí para vivir en plenitud, para crear, para expandir, para amar.

Tu Próximo Paso: Empieza Ahora

No esperes un momento perfecto para comenzar. El momento perfecto es ahora, mientras lees estas palabras. Cierra este libro con la certeza de que tienes todo lo que necesitas para dar el primer paso, por pequeño que sea. Visualiza la vida que deseas, eleva tu vibración y actúa con intención.

Y cuando lo necesites, vuelve aquí. Estas páginas estarán siempre esperándote, como un recordatorio de que la conexión con tu esencia es inagotable y eterna. Tú eres el creador de tu realidad, y cada día es una nueva oportunidad para diseñarla con amor, gratitud y propósito.

"El poder de transformar tu vida no está allá afuera; está dentro de ti. Haz que cada pensamiento, cada emoción y cada acción sean un reflejo de la vida que deseas vivir. El universo está listo. ¿Lo estás tú?"

Te deseo una vida tan maravillosa como tú la quieras crear, un abrazo.